全集
伝え継ぐ　日本の家庭料理

野菜のおかず

秋から冬

（一社）日本調理科学会　企画・編集

はじめに

日本は四方を海に囲まれ、南北に長く、気候風土が地域によって大きく異なります。このため各地でとれる食材が異なり、その土地の歴史や生活の習慣などともかかわりあって、地域独特の食文化が形成されています。地域の味は、親から子、人から人へと伝えられていくものですが、食の外部化が進んだ現在ではその伝承が難しくなっています。このシリーズは、日本人の食生活がその地域ごとにはっきりした特色があったとされる、およそ昭和35年から45年までの間に各地域に定着していた家庭料理を、日本全国での聞き書き調査により掘り起こして紹介しています。

本書では、秋から冬によく食べられてきた野菜類のおかずを集めました。山菜や果菜が主役の春夏を過ぎ、根菜や葉物、木の実などが旬を迎える時季です。なかでも、大根が主役のおかずがもっとも多く、冒頭から28品続きます。塩もみに煮物、炒り煮になますと、見ていて飽きません。この時季の大根は寒さに耐えるために糖度を上げてよく太るので甘くみずみずしく、どんな食べ方にもなじむようです。甘さや旨みが増して独特の風味の干し大根も、冬の乾燥と寒さがあってこそのおいしさです。日本の大根はヨーロッパやアメリカ大陸まで分布している仲間の中でもひときわ大きく、『古事記』『日本書紀』の昔から「おおね」と呼ばれて親しまれてきました。そんな歴史を感じさせる多彩な食べ方です。

大根同様に地中で養分を蓄えるごぼうやれんこん、寒さで甘く肉厚になる葉物、次世代のために油やでんぷんが詰まった木の実などを利用して、実りに感謝し冬を越していく料理がつくられてきました。

聞き書き調査は日本調理科学会の会員が47都道府県の各地域で行ない、地元の方々にご協力いただきながら、できるだけ家庭でつくりやすいレシピとしました。実際につくってみることで、読者の皆さん自身の味になり、そこで新たな工夫や思い出が生まれれば幸いです。

２０１８年11月

一般社団法人 日本調理科学会 創立50周年記念出版委員会

目次

イラスト／武藤良子（目次、p120、122）

凡例

◎「著作委員」と「協力」について

「著作委員」はそのレシピの執筆者で、日本調理科学会に所属する研究者です。「協力」は著作委員がお話を聞いたり調理に協力いただいたりした方(代表の場合を含む)です。

◎ エピソードの時代設定について

とくに時代を明示せず「かつては」「昔は」などと表現している内容は、おもに昭和35～45年頃の暮らしを聞き書きしながらまとめたものです。

◎ レシピの編集方針について

各レシピは、現地でつくられてきた形を尊重して作成していますが、分量や調理法はできるだけ現代の家庭でつくりやすいものとし、味つけの濃さも現代から将来へ伝えたいものに調整していることがあります。

◎ 材料の分量について

・1カップは200mℓ、大さじ1は15mℓ、小さじ1は5mℓ。1合は180mℓ、1升は1800mℓ。
・塩は精製塩の使用を想定しての分量です。並塩・天然塩を使う場合は小さじ1=5g、大さじ1=15gなので、加減してください。
・塩「少々」は親指と人さし指でつまんだ量(小さじ1/8・約0.5g)、「ひとつまみ」は親指と人さし指、中指でつまんだ量(小さじ1/5～1/4・約1g)が目安です。

◎ 材料について

・油は、とくにことわりがなければ、菜種油、米油、サラダ油などの植物油です。
・濃口醤油は「醤油」、うす口醤油は「うす口醤油」と表記します。ただし、本書のレシピで使っているものには各地域で販売されている醤油もあり、原材料や味の違いがあります。
・「砂糖」はとくにことわりがなければ上白糖です。
・「豆腐」は木綿豆腐です。
・味噌は、とくにことわりがなければ米麹を使った米味噌です。それぞれの地域で販売されている味噌を使っています。

◎うま味と旨みの表記について

本書では、5つの基本味のひとつ*である「うま味(Umami)」と、おいしさを表現する「旨み(deliciousness):うまい味」を区別して表記しています。

*あとの4つは甘味、酸味、塩味、苦味。

計量カップ・スプーンの調味料の重量(g)

	小さじ1(5mℓ)	大さじ1(15mℓ)	1カップ(200mℓ)
塩(精製塩)	6	18	240
砂糖(上白糖)	3	9	130
酢・酒	5	15	200
醤油・味噌	6	18	230
油	4	12	180

大根・干し大根

大根は野菜の中でもっとも作付面積が広く身近な野菜で、それだけにさまざまな食べ方があります。大きく切って煮たり、せん切りをなますにしたり、材料の組み合わせ、味つけ次第で主役にも脇役にもなります。干し大根もそれぞれ特徴を生かして使われています。

〈神奈川県〉

ふろふき大根としこなます

三浦半島は三方を海に囲まれ、半島の先には遠洋漁業の拠点となる三崎漁港があります。新鮮な魚が身近にあり、温暖な気候を生かした露地野菜の栽培もさかんです。横須賀港には軍の基地があったため農作物の需要が多く、野菜の品種改良も行なわれ、大正の頃、在来種の高円坊《こうえんぼう》大根と東京の練馬大根を交配して三浦大根が生まれました。最近は栽培面積は減っていますが、地元では三浦大根でなければという人も多く、今も大事に育てられています。

三浦大根は肉質が緻密で煮くずれしにくいのですが、やわらかく煮え、甘味も辛味もバランスよく、ふろふき大根もしこなますもこの大根のおいしさを生かした料理です。大根を厚く切ってたっぷり食べるふろふき大根は日常食でもあり、寒い季節に温まる一品です。しこなますは、酢じめのイワシの入った紅白なますで、おせち料理です。横須賀市の鴨居のなますは、しこいわしではなくサザエが使われていたりと、三浦半島では、海と畑の産物を生かした料理がつくられています。

協力＝吉田和子、高橋久枝
著作委員＝増田真祐美

しこなます

<材料> 6人分

大根…1/3本（400g）
にんじん…1/3本（100g）
下漬け用の塩…小さじ2弱（10g）（野菜の2%重量）

しこ（カタクチイワシ）…200g
塩…小さじ2/3（4g）（魚の2%重量）
酢…適量

砂糖…大さじ2と1/2
酢…大さじ1と1/2
みりん…大さじ1

<つくり方>

1 しこを手で三枚におろす。塩をふり1時間ほどおく。少量の酢を入れて塩を流したあと、ひたひたの酢を入れて身が白くなるまでおく。
2 大根を薄い輪切りにした後に縦にせん切りにする。にんじんも細いせん切りにする。下漬け用の塩をまぶしてしんなりさせる。
3 鍋に砂糖、酢、みりんを入れ、砂糖が溶けたら火を止めて冷ます。
4 冷めた**3**に、水けをしぼった**1**の大根とにんじん、しこなますを入れて混ぜる。

◎あればゆずの皮のせん切りをのせてもよい。

ふろふき大根

<材料> 6人分

大根…4cmの輪切り6個
水…2と1/2カップ
昆布…5cmの角切り6枚
だし汁（かつお節）…1/4カップ
醤油…小さじ1
酒…大さじ3
塩…少々
ゆず味噌

味噌…大さじ3
砂糖…大さじ5
みりん…大さじ1と1/2
ゆず…小2個

<つくり方>

1 大根は皮をむき、面取りをし、中央に隠し包丁を入れる。
2 鍋に水と大根を入れてゆでる。ゆで汁を捨てる。
3 **2**の鍋にだし汁と昆布、醤油、酒、塩を入れ、大根がやわらかくなるまで中火から弱火で煮る。
4 ゆずは皮の一部をせん切りにし、残りの皮はおろし器でおろし、汁もしぼる。
5 鍋に味噌、砂糖、みりん、**4**のおろしたゆずとしぼり汁を入れ、煮つめる。
6 器に昆布を敷き、大根をのせ、ゆず味噌をかけ、ゆずの皮のせん切りをちらす。

◎保温調理器を使ったつくり方：大根を4cmぐらいの厚みに切り、だし汁で大根を煮て、昆布と調味料を加えて20分ほど煮る。そのあと、保温調理器に入れて保温状態で半日ほどおく。

奥が三浦大根。手前の青首大根と比べると太く長く、1本3kg以上ある。冬に出回る三浦半島の特産野菜

三浦半島の三浦大根の畑。冬でも温暖で野菜づくりに適している

しこなます

ふろふき大根

撮影／五十嵐公

〈青森県〉

煮あえっこ

下北地域では、秋大根がとれ始めると大根を3、4本使って大鍋で煮あえっこをつくります。大根と山菜、豆腐、にんじんやごぼうを一緒に炒め煮にしたこの料理は、常備菜だけでなく、正月や冠婚葬祭などの人寄せにも使われました。1月15日の小正月は、女たちがごちそうを食べる「女の年取り」という風習があり、この日も煮あえっこを食べます。前もってたくさんつくっておくことで、当日は女性の家事の負担を少なくして楽をさせるという意味もあったようです。

一度大根をゆでこぼすのは、臭みをとって食べやすくするため。せん切りにするのは手間がかかりますが、短時間で味がしみ、食感もよくなります。

春にとって塩漬けや乾燥させておいたわらびやふきやぜんまいなどの山菜も入ることで、独特の風味が楽しめ、さっぱりとした素朴な味つけでも、飽きがきません。さらに、2、3日かけて食べていくとだんだんと全体の味がなじんで、よりいっそうおいしくなるのです。

協力＝上路ミヲ子
著作委員＝澤田千晴

撮影／五十嵐公

＜材料＞6人分

大根…1/2本（500g）
にんじん…1/3本（50g）
わらび（水煮）…100g
ごぼう…1/3本（70g）
豆腐…1/3丁（100g）
醤油…大さじ2と1/2
酒…大さじ1
塩…少々
油…大さじ1

＜つくり方＞

1 大根とにんじんは長さ5cm、幅2～3mmのせん切りにする。わらびは穂先をとり除き、長さ5cmに切る。ごぼうはささがきにして水にさらしてからザルにあげて水けをきる。
2 大根を火が通るまでさっとゆで、ザルにあげて水けをきる。
3 鍋に油を熱し、水けを軽くきった豆腐を入れる。木べらでくずしながらポロポロになるまで炒める。
4 3ににんじん、ごぼうを加えて炒め、全体になじんできたらわらびを加える。全体がしんなりするまで炒める。材料がかたい場合は蓋をして蒸し煮にするとよい。
5 大根と調味料を加え、ひと煮立ちさせる。

撮影／五十嵐公

<材料> 4人分

大根…約10cm（400g）
川エビ（生）*…70g
水…1カップ
砂糖…大さじ2
醤油…大さじ2

*干しエビの場合は約10g。

<つくり方>

1 大根は皮をむき、2cm厚さの輪切りまたは半月切りにする。かぶるくらいの米のとぎ汁（分量外）に入れて火にかけ、沸騰後、1〜2分下ゆでをする。
2 鍋にすべての材料を入れて、中火で大根がやわらかくなり味がしみるまで煮る。

〈栃木県〉

えび大根

旬のおいしい大根に、川えびのだしがしみこんだ田舎風の煮物です。大根はとろとろに煮えて、薄味なのでいくらでも食べられそうです。かつては一度に大きな大根1本を使ってつくり、常備菜としていただきました。

県南では小さな川や沼地が多く、小山市や藤岡町（現栃木市）では川えびや雑魚（ざっこ）がたくさんとれました。川えびはテナガエビやヌマエビなど淡水の川や沼地にすむえびの総称です。これらのえびは、とくに冬場は貴重なたんぱく質源として大根とともに煮こみ、主菜のようにたっぷりと食べたといいます。佐野市あたりでも、自宅近くで川えびはとれましたが、多くは藤岡方面からくる引き売りで川えびや川魚を手に入れました。最近では川や沼で漁をする人も少なくなったため漁獲量も減り、生の川えびを手に入れることが少なくなりました。そのため乾燥したえびでつくることが多くなりましたが、なくすことなく伝えていきたい料理です。

協力＝藤田スミ
著作委員＝藤田睦、名倉秀子

粕煮

〈栃木県〉

冬の大根がおいしくなる時期に、海なし県でも手に入る新巻鮭の頭を材料に、酒粕で臭みを消しながら旨みを引き出し、野菜とたんぱく質源を同時にとれる料理です。県南部の佐野市や足利市、栃木市など両毛地区と呼ばれる地域で食べられます。

栃木県では、2月の初午《はつうま》前後につくる行事食の「しもつかれ」が有名ですが、この粕煮はしもつかれとほぼ同じ材料を使って、日常食として気軽につくる料理です。しもつかれでは大根やにんじんを鬼おろしでおろしたり小さく刻んだりしますが、粕煮ではもっと大ぶりに切ってあり、それだけ手間がかからず、また大根の甘味を酒粕が引き立てます。

粕煮は冬になると食べたくなる味です。他にも粕汁や甘酒など、酒粕を使った料理がよく食べられました。両毛地区は小麦産地でもあるので、すいとんや煮ごみうどんといった温かい粉もの料理と、酒粕を使った料理が冬の風物詩だったのです。

協力＝藤田スミ
著作委員＝藤田睦、名倉秀子

撮影／五十嵐公

＜材料＞ つくりやすい分量

大根…1本
にんじん…2本
新巻鮭の頭…1尾分
塩…小さじ1
砂糖…大さじ1
醤油…少々（隠し味程度）
酒粕…100g

＜つくり方＞

1 鮭の頭はよく洗い、2cm角程度に小さく切る。圧力鍋に入れかぶるくらいの水（分量外）を加え、約20分煮る。もしくは鍋に入れ弱火で約1時間、頭がやわらかくなるまで煮る。ザルにあげ、水でざっと洗いアクなどを落とす。
2 大根、にんじんは大きな乱切りにする。大根はさっと下ゆでする。
3 大きめの鍋に鮭の頭、大根、にんじんを入れ、1/2〜1カップ程度の水（分量外）を加えて蓋をして煮る。ふつふつとしてきたら中火にし、大根が透き通ってきたら塩、砂糖、醤油で味を調える。最後に酒粕を加え、蓋をとり、ときどきかき混ぜながら酒粕が溶けるまで煮こむ。
4 味がなじみ、臭みもなくなるまで冷ましてからいただく。

撮影／高木あつ子

〈長野県〉

大根びき

長野市鬼無里《きなさ》、諏訪地域でつくられてきた料理で、大根を皮むき器でひいてつくる炒め煮です。薄くむいた大根はすぐに火が通るため、短時間ででき、もう一品野菜のおかずを増やしたいときに重宝しました。大根は煮ている間にかさが半分くらいに減るので野菜をたっぷりとれます。また、この食べ方だと、冬の間室《むろ》などで保存して水分が少し抜けた大根も、すが入って煮えにくい大根でも、小さい大根も形の悪い大根も、粗末にせずおいしく食べることができます。

大根びきは鬼無里での呼び方で、冬の人寄せ（親戚、お客の集まり）には、真っ先につくって大どんぶりに盛り、とり回しに使いました。諏訪地方では、大根のかきぜい、かきひき大根、大根かきと呼び、秋口から日常的に食べました。煮干しは使わず、仕上げにかつお節を混ぜます。家庭によりつくり方には違いがあり、大根とにんじんを塩もみして炒める、塩もみ後にザルに広げて熱湯をかけてしぼって炒める方法などがあります。

協力＝小林貞美、有澤玲子、林邦子
著作委員＝中澤弥子

＜材料＞ 4人分

大根…400g（1/2～1/3本）
にんじん…50g（1/2～1/3本）
煮干し…1～2尾
長ねぎ…50g（1/2本）
砂糖…小さじ1～大さじ1（好みで）
醤油…大さじ1と1/2
油…大さじ1

◎材料は鬼無里の大根びきの材料。砂糖は好みで加える。諏訪地域では長ねぎ、煮干しは入れないで、かつお節を仕上げに加えて混ぜる。

＜つくり方＞

1 大根とにんじんは皮ごと鉋《かんな》か皮引き（皮むき器）で幅2cm、長さ10cm程度にむくように削り、芯までうすくひく。
2 長ねぎは長さ3cmの薄い斜め切りにする。
3 鍋に油を熱して大根とにんじんと煮干しを炒め、次に長ねぎを加えて炒め続ける。
4 大根がしんなりしたら調味料を加え、水分がなくなるまで10分ほど炒め煮する。

〈広島県〉

煮じゃあ

県東部の福山市全域で親しまれている冬の定番料理で、大根と特産の根深ねぎ、油揚げ、いりこの炒め煮のことです。畑から収穫した季節の食材を使った煮物を煮菜《にざい》といいます。それが備後《びんご》弁で訛って「煮じゃ」「煮じゃー」となり、「煮じゃあ」となったそうです。今でいう〝時短簡単料理〟で、農家では冬に大根が豊富にとれたときや農作業で忙しいときに簡単につくれるので、よく食卓に上りました。

大根は包丁でせん切りにするのではなく、大根突きで突きおろします。こうすると太い大根1本も短時間で切ることができ、また、斜めにおろすので繊維が切られ、火の入りが早くお年寄りにも食べやすくなります。農家では旬の野菜がたくさんとれますが、この料理で大根を無駄なく食べました。

農作業で忙しいときに祖父母がつくってくれた料理で、手伝いをしたときには褒美で卵を入れてもらったという話も聞きました。卵が入ると豪華になってぐんとおいしさが増し、ご飯も進んだそうです。

協力＝福山市食生活改善推進員協議会、福山市保健所　著作委員＝木村安美

撮影／高木あつ子

<材料> 4人分

大根…1/5本（200g）
油揚げ…1/2枚
根深ねぎ…1本
いりこ…8尾
醤油…小さじ2
油…適量

<つくり方>

1 大根を、大根突きで細長いせん切りになるよう突きおろす。
2 油揚げは3cm長さの短冊切りにする。
3 根深ねぎはぶつ切りにする。
4 いりこは頭をとり、2〜3つに割く。
5 鍋に油を熱し、大根といりこを入れ、大根がしんなりするまでしっかりと炒める。水分が出たら油揚げと醤油を加え、ねぎも加えて、水けがなくなるまで煮る。

郵便はがき

おそれいります
が切手をはって
お出し下さい

1078668

(受取人)
東京都港区
赤坂郵便局
私書箱第十五号

農文協
http://www.ruralnet.or.jp/
読者カード係 行

◎このカードは当会の今後の刊行計画及び、新刊等の案内に役だたせていただきたいと思います。　はじめての方は○印を（　）

ご住所	（〒　　－　　） TEL： FAX：
お名前	男・女　　歳
E-mail：	
ご職業	公務員・会社員・自営業・自由業・主婦・農漁業・教職員（大学・短大・高校・中学・小学・他）研究生・学生・団体職員・その他（　　）
お勤め先・学校名	日頃ご覧の新聞・雑誌名

※この葉書にお書きいただいた個人情報は、新刊案内や見本誌送付、ご注文品の配送、確認等の連絡のために使用し、その目的以外での利用はいたしません。

● ご感想をインターネット等で紹介させていただく場合がございます。ご了承下さい。

● 送料無料・農文協以外の書籍も注文できる会員制通販書店「田舎の本屋さん」入会募集中！
案内進呈します。　希望□

■毎月抽選で10名様に見本誌を1冊進呈■（ご希望の雑誌名ひとつに○を）

①現代農業　②季刊 地 域　③うかたま

お客様コード □□□□□□□□□□

17.12

お買上げの本

■ご購入いただいた書店（　　　　　　　　　　　　　　　　　　　　　　　書店）

●本書についてご感想など

●今後の出版物についてのご希望など

この本をお求めの動機	広告を見て（紙・誌名）	書店で見て	書評を見て（紙・誌名）	インターネットを見て	知人・先生のすすめで	図書館で見て

◇ 新規注文書 ◇　　郵送ご希望の場合、送料をご負担いただきます。

購入希望の図書がありましたら、下記へご記入下さい。お支払いはCVS・郵便振替でお願いします。

（書名）	（定価）¥	（部数）　部
（書名）	（定価）¥	（部数）　部

〈愛知県〉

味噌おでん

名古屋でおでんというと、一般的に味噌だれをかけた味噌おでんをいい、市民に広く親しまれています。一年中食べますが、とくに冬によくつくります。醤油味のだし汁で煮たおでんは「関東煮《かんとうに》」と呼び、味噌おでんと区別しています。

家庭によって食材が多少異なりますが、大根やにんじんなどの根菜類や里芋、定番のはんぺん、ゆで卵、こんにゃくなどをだし汁でじっくりと煮て、盛り合わせた上に八丁味噌（豆味噌）を使ったコクのある甘辛い味噌だれをかけます。味噌だれは、ゆずの皮のせん切りを入れたり、しょうがやごま、一味唐辛子でアクセントをつけたり、各家庭で工夫されています。日常の副菜ですが、卵を増やしたり、牛すじが入ると主菜にもなります。

串に刺したゆで牛すじも加え、豆味噌を溶いただし汁で食材を煮こむと「どて煮の味噌おでん」と呼ばれます。じっくり煮た牛すじはやわらかく、大根は中心まで煮汁がしみて味噌色に染まり、とろみのある煮汁をかけていただきます。

協力＝武田郁代
著作委員＝間宮貴代子、小出あつみ

撮影／五十嵐公

＜材料＞ 4人分

こんにゃく…1枚
はんぺん（さつま揚げ）2種類…各4枚
卵…4個
大根…240g（2/5本）
ちくわ…4本
昆布…10cm
だし汁（かつお節）…1200mℓ
味噌だれ
- 八丁味噌（豆味噌）…80g
- 砂糖…大さじ3と1/3（30g）
- みりん…大さじ1と2/3（30g）
- だし汁（かつお節）…大さじ2（30g）
- しょうが汁…2g
- 白ごま…大さじ1弱（8g）
- 油…小さじ1

＜つくり方＞

1. こんにゃくは両面に隠し包丁を入れ、長径を3等分に切り、さらに対角線に切って、直角三角形にする。これを下ゆでする。
2. 卵は固ゆでにして殻をむく。
3. 大根は皮をむいて3cm厚さの輪切りにする。これを米のとぎ汁（分量外）で下ゆでする。
4. ちくわは半分に切る。昆布は水で戻し、3cm角に切る。
5. 鍋にだし汁を入れて、**1**のこんにゃく、**2**の卵、**3**の大根、**4**のちくわと昆布、はんぺん2種類を入れて味がしみこむまで1時間ほど煮る。
6. 別の鍋に味噌だれの材料を入れて火にかけて焦がさないように練る。おでんにかける。

〈兵庫県〉

おでん（しょうが醤油）

県南西部の主要都市、姫路市の周辺では、おでんには「しょうが醤油」を添えます。だしのよくしみた大根とさわやかなしょうが醤油の組み合わせは食べやすく、つい箸が進み、体が芯から温まります。

この食べ方は地元では当然と思ってきたのですが、じつは中播磨のごく限られた地域での食べ方でした。しょうが産地だった姫路の西が醤油産地の龍野だからかもしれません。コンビニエンスストアのおでんも、この地域では辛子だけでなくしょうが醤油を選べる店があります。

おでんは日常食としてだけでなく、大勢が集まる秋まつり、建前（棟上げ）などでもつくられます。醤油はうす口か濃口か、だしの濃さも人それぞれです。だしの味つけが濃い場合は、醤油ではなくとり分けた煮汁にしょうがを添えて食べることもあります。

おでんが残れば、具を刻んでお好み焼きの具にすることもあります。具材のだしがしっかり出た煮汁で生地を溶いてもおいしいものです。

協力＝中安忠・康子　著作委員＝作田はるみ

＜材料＞ 4人分

牛すじ肉…120g
大根…1/3本（400g）
こんにゃく…1枚（250g）
じゃがいも…小4個（240g）
平天（さつま揚げ）…4枚
ごぼ天…4本
厚揚げ…4個
ちくわ…2本
ゆで卵…4個

【だし】
だし汁（かつお節）…1ℓ
醤油…大さじ4
みりん…大さじ2
酒…大さじ1

【しょうが醤油】
すりおろししょうが、醤油…各適量

＜つくり方＞

【下ごしらえ】

1 生のすじ肉は流水で洗う。鍋にたっぷりの水を入れて、沸騰直前ぐらいの火加減で約20分ゆでる。途中でアクが出るのでとり除く。ザルにあげ水洗いし、食べやすい大きさに切り分ける。さらに鍋にたっぷりの水を入れてやわらかくなるまでゆでる。圧力鍋を使うと早く仕上がる。

2 大根は厚めの輪切りで4等分できる数に切り分け、八分目までやわらかくゆでる。あれば米のとぎ汁でゆでる。

3 こんにゃくは三角に切り分け、さっとゆでる。

4 じゃがいもは皮をむき、一度水にさらす。

5 平天、ごぼ天、厚揚げは、熱湯を回しかけて油抜きをする。

6 ちくわは半分に切り、ゆで卵は殻をむく。

【煮こみ】

7 だし汁に醤油、みりん、酒を入れて、1〜4の材料を中火〜弱火で煮る。

8 一度沸騰させてから5と6を入れ、大根とじゃがいもが煮くずれないように注意しながら箸がすっと通るくらいまで煮る。

9 皿に好みで盛りつけ、しょうが醤油を添える。

おでんの残りでつくるお好み焼き

①じゃがいも、すじ肉、こんにゃくを粗く刻む

②生地に、キャベツと①と天かすをのせ、生地をかけ、ひっくり返す

③上下の生地が焼けてきたら、卵を割り、黄身をほぐして生地をのせる

④卵が焼け、全体にしんなりしてくる

⑤仕上げにソースをかけ、青のりを散らす

撮影／高木あつ子

〈鹿児島県〉

桜島大根と地鶏の煮しめ

現在も噴煙を上げる桜島で昔からつくられているのが、鹿児島で「島でこん」と呼ばれる桜島大根です。軽石などの火山礫が混ざった土壌ではイネや普通の野菜は育ちにくく、この大根だけがよく育ったそうです。

大きな姿からは想像しがたい繊細な味わいで、肉質は緻密で繊維質が少なく、煮物にすると箸ですぐ切れるほどやわらかいのに煮くずれしにくく、味はしみやすくて本当においしい大根です。かつては冬になると煮しめやふろふき大根、なます、漬物、味噌汁などにして日常的に食べていました。現在は流通量が減り入手しにくくなりましたが、正月にはつぶした地鶏と煮たり、春羹《しゅんかん》（豚肉と野菜の煮物）やぶり大根に欠かせないという家庭もあります。生のままスライスやスティックで食べたりもします。

桜島大根は切り干し大根（しべでこん）にして一年中、煮しめや味噌汁にも利用します。3cm幅に輪切りにしたものを2、3日干した後、外側からくるくると包丁でむき軒下で干すと、甘味がありとてもおいしいものです。

協力＝四元義輝、四元まゆみ、村山昭江
著作委員＝大倉洋代

＜材料＞4人分

地鶏（もも、手羽などの骨つき肉）…400g
桜島大根…400g
にんじん…1本（150g）
ごぼう…1本（120g）
こんにゃく…1枚
厚揚げ…1枚
干したけのこ*…180g
わらび（塩漬け）…12本
干し大根…100g
干し椎茸…8枚
野菜昆布…60g
だし汁（昆布の戻し汁）…2.5カップ
砂糖（ザラメ）…大さじ3
地酒（灰持酒）**…大さじ3
みりん…大さじ3
うす口醤油…大さじ6
油…大さじ2

*生のまま塩漬け後、天日干しにしたもの。
**鹿児島の伝統的な酒で、濃厚な甘味とうま味がある。

桜島大根。写真のものはまだ小さめだが、大きいものは直径30〜40cmになる

＜つくり方＞

1 干したけのこは水洗いして塩を落とし、ときどき水を替え、戻しながら塩抜きをする（4〜5日）。わらび（塩漬け）も同様にして4〜5日かけて塩抜きをする。干し大根はぬるま湯で戻す。
2 地鶏は骨ごとぶつ切りにする。
3 桜島大根は4〜8つ割りにして皮をむき、大きめに切る（写真①、②）。にんじん、ごぼうは太いものは2つに割り、6〜7cm長さに切る。1の戻した野菜も同じぐらいの長さに切る。
4 こんにゃくは塩もみをして水で洗い、厚みを半分にして三角形に切る。厚揚げは油抜きしてから厚みを半分にして2つに切る。
5 干し椎茸は水で戻す。昆布は戻して結び昆布にして5cm長さに切る。
6 鍋に油大さじ1を熱し、地鶏を炒めていったんとり出す。
7 鍋に残りの油をたして残りの材料を炒め、地鶏を鍋に戻しだし汁を加える。砂糖、地酒を入れて5分ほど煮る。
8 みりんと、醤油の半量を入れて煮る。5分ほど煮たら残りの醤油を加え、味がしみるまでじっくり煮る。

◎家でつぶした地鶏を使うときは、肉がかたいので、鶏の脂で鶏に火が通るまで炒め、水を加えて1時間〜1時間半下煮をしてから他の材料を加える。野菜がやわらかくなったら調味料を加えて煮る。

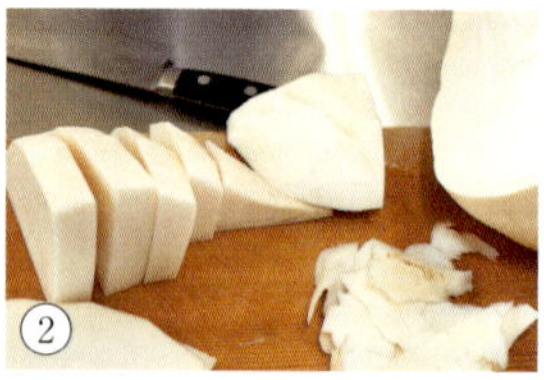

煮しめの材料はすべて大ぶりに切る。家庭でつぶした地鶏を使ったので、キンカン（内臓卵）やモミジ（鶏足）も入っている

撮影／長野陽一

撮影／戸倉江里

＜材料＞5〜6人分

大根…1本
水…1〜1.5ℓ
塩…大さじ1弱
油…大さじ2
みりん…大さじ1と1/3
酒…大さじ1と2/3
うす口醤油、濃口醤油…各大さじ1強
砂糖…1/4カップ
だし汁（昆布）…2〜2と1/2カップ
赤唐辛子…1本

◎熊本の地酒「赤酒」を料理酒やみりんの代わりに入れてつくることもある。

＜つくり方＞

1 大根は2㎝厚さの輪切りにし、皮をむいて面取りする。
2 1〜1.5ℓの水に塩を加え、大根を入れて水からゆでる。沸騰して8〜10分たち、少しやわらかくなったらとり出す。
3 鍋に油を熱し、**2**の大根を入れる。大根が透き通ってくるまで油で軽く焼きつける。
4 調味料と大根がひたひたにつかるくらいのだし汁、輪切りにした赤唐辛子を加えて、落とし蓋をして煮る。大根がくずれないようさわらずに50分ほど煮る。火を止めて半日程度おくと味がよくしみておいしい。

〈熊本県〉
こしょう大根

輪切りの大根を油で軽く炒めてからこしょう（唐辛子）と調味料で煮たシンプルな料理です。

宇土《うと》市松山町の宝林寺では、昔から浄土真宗の開祖、親鸞聖人《しんらんしょうにん》の命日に行なう法要・御正忌《ごしょうき》で、酢の物や白和え、煮物、のっぺ汁などの料理をつくり、参拝者にふるまってきました。こしょう大根もこのときに必ず出す料理のひとつ。1月13〜16日に行なわれる御正忌には300人以上の参拝者が来るため、前日から近所の人も手伝いに来て、門徒の農家が持ってきたコンテナ1杯分の大根を切ってはゆがき、下ごしらえをしました。油で炒めた大根はコクがあり、唐辛子の辛みがピリッときいておいしく、御正忌に来た人たちも食べるのを楽しみにしていたといいます。

各家庭でもそれぞれつくっていましたが、時間をかけて寺で大量に煮あげたこしょう大根は、旨みがしっかりしみており、家ではなかなか出せない味だそうです。松山町以外でも普段のおかずとしてつくっている地域がありました。

協力＝經主子、山本和子
著作委員＝柴田文

〈東京都〉ゆず巻き

東京都北西部、埼玉県と山梨県との県境にある奥多摩町には昔からゆずが自生し、たいていの家にはゆずの木があります。ゆず巻きはおせち料理やお茶うけ、常備菜として食べられてきました。

11月、畑に霜が降りて大根が甘くなると、子どもたちも手伝いながらゆず巻きづくりが始まります。薄く切った大根をザルに並べて日光に当て、しんなりしたらゆずの皮を巻き、数日冷たい風に当ててから甘酢に漬けこみます。巻いた大根は針で糸を通して軒下に吊るしていました。

味つけは子どもが食べやすいように甘味を強めにし、蓋つきの器に入れ、いつも食卓においておきました。12月にもおせち用を仕込みますが、家族はすでに食べ飽きており、里帰りしたものが懐かしいと喜んで持ち帰るのだそうです。

最近はスライサーを使って生で漬けることが増えましたが、包丁で切って干してから漬けると食感もよく深い旨みが出るので、今でも少しだけ干してつくるそうです。

協力＝大串久美子、望田千恵子
著作委員＝大久保洋子、香西みどり

撮影／長野陽一

＜材料＞ 4人分

- 大根…1/2本（直径6cm程度のもの）
- 塩…大さじ1

かんぴょう…40g
ゆず…2個
酢…1カップ
砂糖…1カップ

＜つくり方＞

1 大根の皮をむき、薄く輪切りにする。1mm以下の薄さで、包丁が透けて見えるくらいがよい。
2 1に塩をふり混ぜてしばらくおく。
3 かんぴょうはぬるま湯か水でぬらし、5mm幅にさく。
4 ゆずの皮をむき、皮を4〜5cm長さのせん切りにする。
5 2の大根がくるくると巻けるくらいにしんなりしたら、両手ではさんでぎゅっと水をしぼる。
6 ゆずの皮1本を大根の端にのせてくるくると巻き（写真①）、かんぴょうで中央を結ぶ。ゆずが多いと苦くなる。
7 すべて巻き終わったらもう一度しぼって水をきり、酢と砂糖を合わせた中に漬ける。すぐに食べられる。保存は冷蔵庫で3カ月ほど。

◎残ったかんぴょうも一緒に漬けるとよいだしが出る。
◎皮むき後のゆずは風呂に入れるとよい。種はまとめて瓶に入れ、日本酒を同量加えてひと月ほどおくと化粧水として使える。

干してから漬けるときは、ゆずを巻いた後、木綿糸を通した針で10個ほど刺し、晴れて乾燥した日に、半日から2、3日、風通しのよい軒下に吊るす。1個ずつ結び目をつくると大根がくっつかないので乾きやすい。糸を外してから漬ける

〈富山県〉

お酢わい

せん切りにした大根やにんじんを甘酢でなじませてつくる「お酢和え」が語源といわれています。普段からよくつくられていますが、慶事や仏事には必ずつくられます。酢が入って日持ちがよいので正月のおせち料理には欠かせない一品で、重箱にたっぷり詰めて出されます。

材料は大根とにんじんがベースで、れんこん、こんにゃく、ひじき、ゆず、柿、干し柿のように旬の野菜や果物など、そのとき家庭にあるさまざまな食材を加えるので、季節ごと、家ごとのお酢わいがあります。厚揚げや油揚げ、酢につけた新巻鮭などの魚介を入れると食べごたえも増し、めでたい豪華なおかずになります。酢はそれほどきつくなくおだやかなので、たくさん食べられますが、野菜が主材料なので胃にもたれません。厚揚げの煮汁を多めにして、富山独特のあめ色の和え物にすることもあります。多くの人にとって子どもの頃から食べてきた懐かしい和え物で、何十年もつくってようやく母親の味に近づいてきたと思えるような奥深い、おふくろの味です。

著作委員＝守田律子、深井康子

撮影／長野陽一

＜材料＞ 4人分

大根…中1/4本(250g)
にんじん…1/3本(50g)
塩…小さじ2/3
厚揚げ…1/2個
だし汁(かつお節)…1/2カップ
醤油…大さじ1/2
砂糖…小さじ2
甘酢
- 酢…大さじ2
- 砂糖…大さじ1
- 塩…小さじ1/2

◎家により拍子木切りした板こんにゃく50gを入れることもある。

＜つくり方＞

1 大根、にんじんは約3cm長さのせん切りにして塩をふり、しんなりさせ、水けをしぼる。
2 厚揚げは熱湯をかけて油抜きをして、食べやすい大きさに切る。
3 2は、だし汁に醤油と砂糖を加えた中で水分がなくなるまで煮る。
4 甘酢をつくり、1と3を合わせて和える。

撮影／長野陽一

〈富山県〉

かぶらごき

　さっとゆでたかぶらとかぶらの葉を大根おろしで和え、醤油をかけて食べます。県内でも主に東部の富山市、上市《かみいち》町、魚津市などで食べられる料理で、普段の野菜のおかずとして、何かもう一品欲しいというときなどによく出されました。かぶらの歯ごたえと甘さに大根おろしの辛みがよく合い、醤油の旨みも加わって、手軽でとてもご飯が進むおかずです。かぶらのおいしい秋から冬によくつくります。かぶらはゆですぎないこと、ゆでてザルにとったら蓋をして少しの間蒸らすことで甘さを引き出すのがポイントです。

　よく食べるかぶらの料理には県の東西で違いがあり、西部の小矢《おや》部《べ》市、南砺《なんと》市などでは「いりごく」をよく食べたといいます。いりごくは塩漬けのかぶらを塩抜きし、醤油やみりん、唐辛子で炒り煮して白ごまをふった料理です。もしくはかぶらの一夜漬けを空炒りし、香りづけ程度に醤油を加えた食べ方もあり、これもかぶらの甘味が引き立ちおいしいものです。

協力＝上市タミ子
著作委員＝深井康子、原田澄子

＜材料＞ 4人分

かぶ…小4個（150g）
かぶの葉…小4個分（80g）
大根…100g
醤油…大さじ2

＜つくり方＞

1 かぶは2〜3mmの厚さの半月切りか、いちょう切りにする。
2 葉は3cmの長さに切る。
3 大根をおろす。
4 かぶと葉を熱湯でさっとゆでる。歯ごたえが大切なのでゆですぎないようにする。ザルにとり、蓋をして少し蒸らすと甘さが出てくる。
5 4が熱いうちに大根おろしと混ぜる。
6 醤油をかけていただく。

〈福井県〉

なます

福井県で郷土料理にもっとも使用される食材は大根です。秋から冬には炊き合わせ以外に大根の葉を使ったあえもん飯、おろしそば、その他の季節にはたくあん漬けや古たくあんの煮たのなどにして、1本丸々を捨てるところなく食べます。その中でも大根の白でにんじんの赤が引き立つ「なます」は、浄土真宗の祖・親鸞聖人の報恩謝徳のために秋から冬にかけて営まれる報恩講《ほうおんこう》や、正月の料理として好まれるものです。

通常のなますにゆで大豆や打ち豆、油揚げが入ったなますも嶺北（県北部）のあちこちでみられ、この場合は「長寿なます」「こっぱなます」「うち豆なます」などと呼ばれます。ごまと味噌と「地がらし」を加えて大豆や油揚げとともにすり鉢でじっくりすることで、滑らかな白和えのような仕上がりとなります。「地がらし」は県内で製造され、からし菜の種子を粗挽きにした辛みが強い粉辛子です。ツンとした鼻に抜ける辛さが特徴です。

協力＝齊藤博子、梅﨑すみ子、笠島友子
著作委員＝佐藤真実

撮影／長野陽一

＜材料＞4人分

大根…1/4本（300g）
にんじん…1/3本（50g）
塩…小さじ1/2
合わせ酢
- 塩…小さじ1/2
- 酢、砂糖…各大さじ3

＜つくり方＞

1 大根とにんじんは、なます鉋《かんな》もしくはスライサーでおろす。塩をふって30分ほどおく。
2 大根とにんじんの水けをかたくしぼって、合わせ酢で和える。

【長寿なますにする場合】

1 大根とにんじんの準備は上と同じ。
2 油揚げ70gは網で焼いて1cmくらいに切る。さやえんどうは塩ゆでして細切りにする。
3 すり鉢に白ごま大さじ1と1/2とゆで大豆50gを入れ、油が出るまですり、味噌大さじ1と1/2、砂糖大さじ1を加える。
4 2の油揚げと練り辛子小さじ2、酢大さじ1を入れて油揚げの皮が目立たなくなるまですり鉢でする。
5 大根とにんじんの水けをしぼり、さやえんどうを加え4と混ぜる。

長寿なます

撮影／高木あつ子

＜材料＞４人分

大根…1/2本（500g）
にんじん…2/3本（100g）
塩…少々
白ごま…50g
豆腐…1丁（300g）
┌味噌…大さじ1と1/2（30g）
│砂糖…大さじ4
└酢…大さじ3
ゆずの皮…1/4個分

＜つくり方＞

1　大根、にんじんはせん切りにし、塩をふってしんなりさせる。
2　ごまを炒り、ねっとりするくらいまですり鉢でする。水きりした豆腐を加えなめらかになるまでよくすり、調味料を加えて味を調える。
3　1の水けをしっかりしぼって2に加え、全体を和える。
4　皿に盛りつけ、ゆずの皮のせん切りを飾る。

◎糸こんにゃくを加えてもよい。下ゆでし、大根やにんじんと長さをそろえて切り、3で加える。

〈京都府〉

紅白なます

大根とにんじんを白酢和えにしたなますです。和え衣はあまり濃い味つけでないため、たくさん食べられます。ごまをねっとりするくらいによくするのがポイントで、風味がよく出たごまを豆腐とすり混ぜて合わせます。かつては自家製の味噌で味つけしたので、「わが家の味」のなますができました。また、この地域では「なます鉢」と呼ばれるなます専用の少し大きめの器が使われ、たっぷり盛られたなますを各自が小皿にとり分けていただいていました。

府北部の舞鶴は古来、北前船の寄港地で、日本海側の有数の商業港として栄えました。旧日本海軍の舞鶴鎮守府がおかれたので「軍港」「引き揚げ港」としても知られています。近郊の農家では秋から冬、さらに春にかけ「大根が畑にある間は村の行事には必ずなますをつくる」ものだったそうです。祝いごとのときはにんじんを加えた「紅白なます」、不祝儀には大根のみの「白なます」にして出したといいます。

協力＝佐織一枝、原秀子、水口澄子、大谷美恵子　著作委員＝桐村ます美、湯川夏子

〈和歌山県〉

煮なます

れんこん、ごぼう、大根などの根菜類と油揚げ、干し椎茸のごま酢和えです。熊野灘《くまのなだ》から那智山《なちさん》に至る那智勝浦町で、法事や人が集まるときのもてなし料理につくられてきました。見かけは地味ですが手がこんでおり、とくに法事には欠かせません。

この料理の要はごまをすることにあります。洗いごまを丁寧に炒り、油が出てペースト状になるまで1時間ほどすります。これが力仕事で、料理の手伝いに来た女性と3人ぐらいで、ごまをする人、すり鉢を押さえる人と代わる代わるにすったそうです。今はフードプロセッサーや市販のごまクリームで簡単につくることもできますが、ゆっくりすりあげると何ともいえない口当たりのよさやごまの風味を味わうことができます。子どものときは不謹慎ですが、また葬式があればいいのにと思っていたという声も聞きました。材料はごく日常のものですが、地域の人は手間暇かけてつくることを知っているのでありがたくいただきます。

協力＝立木洋子、田原勢津子
著作委員＝川原崎淑子

撮影／高木あつ子

＜材料＞ 4人分

白ごま（洗い）…100g
┌ 砂糖…大さじ2と1/2
└ 酢…大さじ2
れんこん…1/2本（80g）
ごぼう…1/2本（80g）
大根…1/4本（200g）
にんじん*…1/3本（50g）
薄揚げ…2枚
干し椎茸…4枚
だし汁（昆布とかつお節）…2カップ
椎茸の戻し汁…1/2カップ
砂糖…大さじ2
醤油…大さじ1
塩…小さじ1

*法事ではにんじんを入れないが、もてなし料理としてつくるときは、にんじんを入れて華やかさを出す。

＜つくり方＞

1 洗いごまを鍋に入れて中火にかけ、鍋を動かしながらごまがぷっとふくれ、香ばしい香りが出るまで炒る。すったときにプチプチ音が出るくらいがよい。
2 すり鉢に移し、油が出てねっとりするぐらいまで約1時間する。砂糖と酢を加えよくすり混ぜる。
3 れんこんは皮をむき、2㎜厚さの輪切りにし、縦に3〜4等分に切る。酢水（水1ℓ酢大さじ3を加える。分量外）でさっとゆでる。
4 ごぼうは斜め薄切りにし、酢水でさっとゆでる。
5 大根とにんじんは3㎝長さの短冊切りにし、それぞれさっとゆでる。
6 干し椎茸は戻してせん切り、薄揚げもせん切りにする。
7 だし汁と椎茸の戻し汁に調味料を加え、3〜6を一緒に煮る。
8 野菜がやわらかく煮えたらザルに移し、汁けをきり冷ます。
9 2の和え衣で8を和える。

ならえ

〈徳島県〉

野菜を豊富に使って、甘めに味つけした煮なますです。精進料理として法事や彼岸、お盆のお供えに出されました。大根やにんじん、ごぼう、れんこんなどの根菜類はしゃきしゃきとした歯ごたえで、別々に味つけした具材の煮汁が口の中に広がります。高野豆腐や油揚げも入り、食べごたえのある一品になっています。

かつては砂糖が貴重だったので、特別なときにだけ砂糖を使い、普段のおかずにするときは砂糖を使わず、さっぱりとした酢の物として一度に味をつけ手軽につくっていたようです。甘くしたならえが高膳《たかぜん》で出ると皆喜んで食べました。

ならえという料理名の由来は定かではありませんが、昔は奈良漬けを使ったことから奈良和えと呼ばれていたという話や七つの材料と調味料で和えてつくるからなど、諸説あります。地域によっては、たけのこやこんにゃくを入れたり、酢の代わりにゆずの酢を使ったり、つぶした落花生を加えたり、さまざまにアレンジされています。

協力＝加藤ハルコ、西森重子、日岡敬子
著作委員＝高橋啓子

撮影／長野陽一

<材料> 4人分

- 大根…1/5本（200g）
- にんじん…1/3本（40g）
- 油揚げ…1枚
- 椎茸の戻し汁…適量

- れんこん、ごぼう…各40g
- だし汁…1/2カップ
- 砂糖、醤油…各小さじ1

- 高野豆腐…1枚
- 干し椎茸…2枚
- 椎茸の戻し汁…2カップ
- 砂糖…大さじ1
- 醤油…小さじ1/2
- みりん…大さじ1/2
- 酒…小さじ1

合わせ酢
- 酢…大さじ4*
- 砂糖…大さじ5
- 醤油…大さじ2
- みりん、酒…各大さじ1

白ごま…適量

*半量をゆず果汁にかえてもよい。

高膳。法事などの会食で使われる

<つくり方>

1 大根、にんじんは皮をむき3cm長さの短冊切りにする。
2 干し椎茸は水で戻し、三角に切る。
3 油揚げは三角に切る。
4 大根、にんじん、油揚げを椎茸の戻し汁で煮る。火が通ったらザルにあげて水けをきる。
5 れんこんは皮をむき、3mm厚さの輪切りにし、ゆでる。ごぼうは5cm長さのせん切りにしてゆでる。
6 れんこんとごぼうをだし汁と調味料で煮る。
7 高野豆腐はぬるま湯で戻して三角に切り、2〜3枚にスライスする。高野豆腐と椎茸を椎茸の戻し汁、調味料で煮含める。
8 すべての材料の汁けをきり、合わせ酢と和える。
9 5〜6分おいて味をなじませ、器に盛る。大根、にんじん、ごぼうを下にして、れんこん、椎茸、油揚げ、高野豆腐を上に並べ、ごまをふる。

〈愛媛県〉

もみ大根

　今治市は愛媛県の北東部に位置し、北は瀬戸内海に面し、豊かな水産資源に恵まれています。また市内の乃万地区は、乃万（野間）大根の産地として昔から有名で、大根はおもにたくあん用に使われます。

　この料理は、地元で冬場に大量にとれる大根と、瀬戸内産のいりこと、地場産の裸麦でつくった甘口の麦味噌を使い、いつでも簡単にできる頼もしい即席和え物です。胃にもたれず消化もよいので、正月にもちをたくさん食べたときのあてによく食べられていました。また、日常食として料理の品数が少なく物足りないときにも、簡単な一品としてつくられました。小魚を丸ごと食べるためカルシウムが豊富で、食物繊維もとれる健康食でもあります。

　さっと炒ったいりこは香ばしく、塩もみした大根に、麦味噌とみりんを合わせたさっぱりとした嫌みのない味です。うま味や風味のある自家製の麦味噌がまたおいしさを引き立てます。

協力＝八木頼子
著作委員＝香川実恵子

撮影／五十嵐公

＜材料＞ 4人分

大根…1/5本（200g）
塩…小さじ1/5
大羽いりこ*…10g（3尾）
麦味噌…10g
みりん…小さじ1

*いりこ（煮干し）の中でも8〜10cmの大きなものでうま味も強い。

◎好みでみりんを減らして、砂糖小さじ2/3、酒小さじ1を加えてもよい。

＜つくり方＞

1. 大根は大根突きで突いてせん切り状にし、塩をふってしんなりとするまでしばらくおく。さっと洗ってよくしぼる。
2. いりこは頭、腹わた、骨をとり、さっと炒って包丁で細かく刻む。
3. 大根にいりこ、味噌とみりんを混ぜたものを加え、よく混ぜる。

撮影／戸倉江里

<材料> 4人分

大根…1/4本（240g）
にんじん…1/3本（40g）
湯かけくじら*…60g
白ごま…大さじ2
- 味噌…大さじ1/2
- 酢…大さじ1と1/3
- 砂糖…大さじ2

ゆずの皮…少々

*塩漬けのくじら肉。

<つくり方>

1 大根、にんじんはそぎ切りにし、塩（分量外）を加えしんなりさせた後、水けをきる。
2 湯かけくじらは熱湯を2、3回かけ、塩分と脂分を除く。
3 ごまをすり鉢でよくする。
4 3のすり鉢に、味噌、酢、砂糖を加えて、なめらかになるまでする。
5 4に1と2を加え、混ぜ合わせる。
6 器に盛りつけ、せん切りにしたゆずの皮をのせる。

◎ゆずの皮は具に混ぜこんでもよく、またゆずのしぼり汁をかけてもよい。

〈佐賀県〉
かけあえ

かけあえは大根やごまをたっぷり使った和え物です。くじらが入るとボリュームも出て、行事での料理まで、普段のおかずから行事での料理まで、広く親しまれました。ごまの風味と甘酢味噌のコクでくじらのクセは消えて旨みが引き立ち、大根がさっぱりとしていくらでも食べられます。

和え物にもくじらを入れるのは、くじらがよくあがった唐津や伊万里のある佐賀らしい食べ方です。県西部に位置する武雄市の山内町は山間部の農村で、かつては棚田と段々畑でとれる農産物を隣町の焼物の里・有田に行商していました。そして海側から来る行商や、田植えやくんち（供日）に立つ市などで、くじらや干しかなやま（しいら）などの海産物を買ったのです。

春の花見や秋のくんちに、また毎月17日に持ち回りで開いた観音講など、折々の行事にかけあえが出されました。観音講は元は法華経の行事ですが、婦女子の親睦会（今でいう女子会）になっていて楽しみだったそうです。

協力＝稲田則子、松尾宣子、杉原美津江、永田むつ子　著作委員＝成清ヨシヱ

〈宮城県〉

凍《し》み大根の煮しめ

県内各地でつくられている凍み大根と里芋やにんじん、干し椎茸などの具材を一緒に炊いた煮しめです。凍み大根は、冬の寒さを利用してつくられる保存食で、真ん中に穴があいているものは、「へそ大根」や「ババべそ（おばあさんのへそ）」とも呼ばれます。輪切りにした大根はゆでてから真ん中に串やワラを通して軒下に1カ月程度干します。凍ったり溶けたりを繰り返しながら乾燥が進むことで生の大根にはない特有の食感や風味になるのです。カラカラになるまで干しておくと夏頃まで保存できるので、冬は里芋やにんじん、春はたけのこや山菜と、季節のものと一緒に煮しめにします。

たっぷりのだし汁で長時間煮た凍み大根は、やわらかく、噛みしめるとじゅわっと煮汁がしみ出します。普段の煮しめに入れるのは3～5種類の野菜だけですが、祭りなどの行事や田植え作業で手伝いの人たちがたくさん来たときには、ニシンを入れて具だくさんの煮しめにして出したそうです。

協力＝赤坂あさの、赤坂和昭、佐藤恵子
著作委員＝和泉眞喜子、野田奈津実

撮影／高木あつ子

＜材料＞ 4人分

凍み大根（へそ大根）…4個
凍み豆腐…4枚
こんにゃく…1/2枚
身欠きニシン（ソフトタイプ）
…2本（200g）
ゆでたけのこ…200g
にんじん…2/3本（100g）
里芋…4個
干し椎茸…4枚
昆布…80cm長さ
だし汁（かつお節または煮干し）
…3～4カップ
醤油…大さじ4～5
みりん…大さじ2
砂糖…大さじ4～5

真ん中に穴のあいた凍み大根（へそ大根）。ほかにも四つ割りにした大根を干したり、切り干し大根をつくったり、さまざまな形で大根を保存する

＜つくり方＞

1 干し椎茸は1/2カップの水（分量外）につけて戻す。昆布は適量の水（分量外）につけて戻し、適当な幅に切って結ぶ。
2 凍み大根は半日から一晩水につけて戻し、軽くしぼる。凍み豆腐はぬるま湯につけて戻し、軽くしぼる。
3 こんにゃくは塩小さじ1（分量外）をつけてもんだ後、水洗いし、8mm厚さの薄切りにする。
4 身欠きニシンは熱湯をかけて脂を抜く。
5 たけのこは斜めに切る。にんじんは皮をむいて斜め切りにする。里芋は皮をむく。
6 鍋にだし汁と椎茸の戻し汁、すべての材料と調味料を入れ、中火にかける。沸騰したら弱火にし、汁けがなくなるまで煮る。

〈京都府〉

金時豆とたこの足の煮物

厚みがあってやわらかい干し大根とホクホクの金時豆（二度豆）の食感が楽しい一品です。地元で「たこの足」と呼ぶ干し大根は、一般的なものよりも太く割いて干しているため、旬の大根自体の甘味を強く感じます。

府北部の舞鶴では男手がない戦時中、女性や高齢者が農業と養蚕で生計を立てる家が多かったといいます。養蚕は戦後すぐに廃れましたが、カイコ用のカゴで大根を干すようになりました。そのときに干しやすかったのが大根の頭を残し、下をいくつかに割く形で、太めの切り干し大根ができたということです。たこの足は大豆や里芋、たけのことも一緒に炊き、季節を問わずよく食べたそうです。

「たこの足」は、他に福知山、綾部など丹波地方の養蚕を行なっていた地域に同様に見られます。また府南部にも、丸大根を輪切りにした太めの干し大根があり、たけのこと炊いていたとのことです。

協力＝佐織一枝、原秀子、水口澄子、大谷美恵子　著作委員＝湯川夏子、桐村ます美

撮影／高木あつ子

＜材料＞ 4人分

金時豆…1カップ（160g）
たこの足（干し大根）…100g
砂糖…1/2カップ
醤油…大さじ4
みりん…大さじ2
だし汁(昆布)…4カップ

＜つくり方＞

1 金時豆は洗って水に一晩つけ戻す。鍋に金時豆とかぶるくらいの水を入れて沸騰させ、ザルにあげてアク抜きをする。

2 たこの足は、約3時間水につけて戻し、さっと洗い、食べやすい大きさに切る。

3 1と2を鍋に入れ、だし汁を加え、コトコトとゆっくり煮る。金時豆が指でつまんでつぶれるくらいにやわらかくなったら調味料を入れ、味がしみこむように20分程度煮る。そのまま冷まし味を含ませる。

◎圧力鍋で約3分煮て金時豆をやわらかくしてから調味料を加えて煮てもよい。

たこの足（干し大根）のつくり方

大根*の皮をむき、5cmの長さに切り、8mmから1cmの厚さに縦に切る。その根元を切り離さないように1cmの幅で切りこみを入れる。縄やヒモ、もしくは洗濯ハンガーに吊るしかけ（写真①）、風通しのよい日陰でカラカラになるまで干す（写真②）。

*丸大根でつくる地域もあるが、ここでは一般的な長大根でつくる。

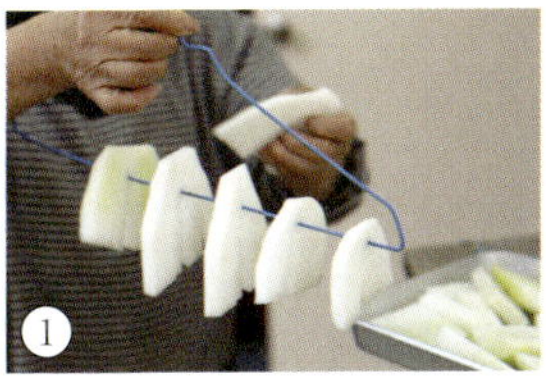

〈島根県〉

干し大根の煮しめ

歯ごたえがよく甘味のある干し大根に、いりこのうま味がしみこんだ煮しめです。輪切りの干し大根は大田市以西の西部地域でつくられるもので、通称「肛門干し」。真ん中に穴があり、その穴に向かって放射状のしわがたくさんあるその形状から、昔からこう呼ばれるそうです。東部の出雲地域では、干し大根は輪切りも丸干しも区別なく「寒だいこ」と呼びます。

12月下旬から1月の寒の入りになると、あちこちの軒下に大根が吊るされます。西部地域では輪切りにして約1カ月、大根にしわが寄るまで干してから軽く蒸し、さらに2週間ほど干します。ある程度干してから蒸すと重量やかさが減るので作業性がよく、また、蒸した後に再度寒風に干すと甘味の強い干し大根ができることから、昔からこの方法でつくられてきました。カリカリに乾燥させると保存がきくので、季節を問わないおかずとして、また、弔事の膳や弁当のおかずにもよく利用されています。

協力＝島根県食生活改善推進協議会、宮本美保子　著作委員＝石田千津恵

撮影／高木あつ子

＜材料＞ 4人分

干し大根…20枚
水…3カップ
いりこ…30g
酒…大さじ2
砂糖…大さじ1
醤油…大さじ2
油…大さじ1

＜つくり方＞

1 干し大根を水でよく洗い、分量の水に30分浸す。
2 1の干し大根と大根の戻し汁を火にかけ、沸騰したら火を消してそのまま冷ます。
3 冷めたら、大根と戻し汁に分ける。
4 3の大根を油で炒め、戻し汁、いりこ、酒を加えてひと煮立ちさせる。
5 砂糖、醤油を加えて煮汁がなくなるまで、中火でじっくり煮る。

干し大根のつくり方

皮をむいた大根を7〜8mm厚さの輪切りにし、菜箸で真ん中に穴をあける。わら2本のみご（穂首）の先に結び目をつくり、反対側から大根の穴に通す。大根がくっつかないように1個目は2本一緒に、次は二手に分け1本に1個ずつ通し、これを繰り返す。軒先などで約1カ月干してから、蒸し器で2〜3分蒸し、さらに2週間干し、最後に暖房やストーブの前でカリカリに乾燥させる。

〈山口県〉

かんぴょうの煮しめ

撮影／高木あつ子

＜材料＞5人分

かんぴょう（切り干し大根）…75g
にんじん…1/2本
じゃがいも…2個
昆布…10㎝角
こんにゃく…1/2枚（120〜150g）
干し椎茸…中2〜3枚
油揚げ…1/2枚
ちくわ…2本(70g)
油…大さじ2/3
だし汁（いりこ）*…1ℓ
砂糖…大さじ3
醤油…大さじ4
酒…大さじ2
みりん…大さじ3と1/3

*いりこは水の1%、10g使う。

＜つくり方＞

1 切り干し大根はサッと洗い、水から3分ほどゆでてザルにあげてしぼり、ひと口大に切る。
2 にんじんは半月切り、じゃがいもは乱切りにして水にさらす。油揚げは短冊切り、こんにゃくは乱切りにする。
3 昆布と椎茸は戻して細切りにする。
4 鍋に油を入れて、切り干し大根を加えよく炒める。
5 **4**に**2**を加えて軽く炒めたら、**3**を入れてさらに炒める。
6 **5**にだし汁を加えて煮て、具材に火が通ったら砂糖、醤油、酒、みりんで味つけをする。
7 最後に斜め切りにしたちくわを入れ、煮汁が少なくなるまで煮含める。

料理名の「かんぴょう」は干し大根のことです。この煮しめはかんぴょうと根菜類と油揚げやちくわを煮たおかずで、干し大根のかんぴょうは厚みがあって歯ごたえがよく、甘さもあり煮しめの味に深みを与えています。かんぴょうだけで煮しめることもあります。

ユウガオからつくるかんぴょうも巻きずしや昆布巻きに使いますが、煮物や五目ご飯などには大根のかんぴょうがよく使われます。

20㎝ほどの長さに切った大根を幅4〜5㎝、厚さ1㎝程度の長方形に切り、真ん中に縦にV字の切りこみを入れて約1カ月、寒風で干します。ひもに吊るして干したさまがたこの足のようなので「たこかんぴょう」「たこ干し」と呼ぶ地域もあるようです。干し大根、割り干し大根とも呼ばれますが、年配の方には「かんぴょう」の方がなじみ深い呼び方です。生から乾燥させたものは歯切れがよく、ゆでてから乾燥させるとやわらかいという人もいます。

協力＝友田洋子、宮城京子
著作委員＝廣田幸子

〈香川県〉

切り干し大根の煮物

瀬戸内海・塩飽《しわく》諸島の広島では、たこのような形をした「たこ干し」と呼ぶ切り干し大根をつくります。たこ干しは普通の切り干し大根と比べて甘味や風味が強いのが好まれており、たくさんつくり冷蔵庫で保存し、季節の野菜や油揚げと煮て食べます。大根の戻し汁は甘味と独特の風味もあるのでだし汁として料理に使えます。また、水で戻しただけの切り干し大根は噛みごたえがあり、酢の物や刻んでばらずしの具にして利用します。

香川県では9月に入ると大根の種をまき、お彼岸頃に出てくる双葉を間引き菜として食べます。少し葉が大きくなると、再度間引きした葉をおひたしにし、さらに大きくなると、根はおでんや酢の物に、葉は細かく刻んで油で炒め、塩ざけなどを混ぜた大根飯にします。収穫した食べきれない大根はたくあん漬けや切り干し大根にし、保存食として冬から夏にかけて食べます。農家では、今でもこのように大根を自給しています。

協力＝三野道子、新田雅子、曽我千穂子、中條従子　著作委員＝次田一代

撮影／高木あつ子

＜材料＞ 4人分

切り干し大根（たこ干し）…25g
厚揚げ…小4個（220g）
スナップえんどう…4個（20g）
ごま油…小さじ2
切り干し大根の戻し汁…250mℓ
醤油、みりん…各大さじ1

＜つくり方＞

1 切り干し大根は手早く水洗いし、よくしぼり、ひたひたの水に約1時間つけ、十分に戻ったら4cmくらいの長さに切る。
2 厚揚げは湯通しし、厚めの短冊切りにする。
3 スナップえんどうは熱湯でさっとゆで、適当な大きさに切る。
4 厚めの鍋に油を熱し、大根を炒める。鍋を熱しすぎると焦げるので気をつける。油がいきわたったら、戻し汁を加え、厚揚げを大根の上において蓋をして、中火から弱火で10分くらい煮る。
5 大根がやわらかくなったら、みりん、醤油を加え、煮汁が少し残る程度に煮上げる。途中煮汁が少なくなったら、戻し汁を足す。

たこ干しのつくり方

皮をむいた大根を長さ5cm、厚さ1cm、幅3cm程度に切り、さらに上側を3cmくらい残して真ん中に切れ目を入れたものを針金などに吊るし天日で乾燥させる（写真①）。たこ干しの完成（写真②）。

〈長崎県〉
野菜の煮しめ

撮影／長野陽一

＜材料＞ 8人分

里芋…小8個
にんじん…1本
ごぼう…1/2本
つわ（つわぶき）…100g（あれば）
こんにゃく…1/2枚
厚揚げ…1枚、干し椎茸…8枚
切り干し大根（幅広で5㎜厚さのもの）…20g
野菜昆布…16g
醤油…大さじ4弱（60㎖）
砂糖…大さじ4弱（35g）
みりん…大さじ1
酒…小さじ1、塩…ひとつまみ
だし汁（あご）*…800㎖

*あごはトビウオのこと。焼いたり煮たりして干したものを使う。6尾で800㎖のだしをとる。

＜つくり方＞

1 里芋は皮をむいて2つ切りにし、下ゆでしてぬめりをとる。にんじんは斜め切り、ごぼうは斜め切りにし、水にさらして下ゆでする。つわは1分程度ゆでてザルにあげ、熱いうちに皮をむき、数分塩ゆでして、水にさらす。
2 こんにゃくは手綱こんにゃくにし、下ゆでする。厚揚げは油抜きをして食べやすい大きさに切る。
3 干し椎茸は水で戻す。切り干し大根は水で戻してよく洗い、水けをしぼり、食べやすい長さに切る。昆布は水で戻し8等分に切り、結び昆布をつくる。
4 鍋にだしと調味料を入れて煮立たせ、材料を全部入れ、再び煮立ってきたら中火にし、10〜15分煮る。

五島列島の上五島でつくられている煮しめです。大きくて噛みごたえのある切り干し大根を使い、トビウオの焼き干しでしっかりとったあごだしで煮るのが特徴で、大きな鍋でたくさんつくります。日頃からよく食べる料理ですが、法事のときは必ず用意します。正月料理としても、ぶりの刺身、くじらの酢の物、豆ご飯とともに食べています。

切り干し大根は、かんころ（さつまいもを薄く切って干したもの）をつくるときに使うかんころ鉋《かんな》で5㎜ほどの厚さに切って干したものを使います。自家製の切り干し大根は大きく、大根からもだしが出ておいしくなります。煮しめのほか、酢の物や油で炒めたりしてよく食べられています。

このレシピでは、だしと材料を一緒に煮ていますが、地区によっては材料を別々に煮たり、魚のアラを入れたりと、さまざまなつくり方があります。ただ、あごだしと切り干し大根を使うのは、共通しています。

協力＝川上不二子、新上五島町食生活改善推進協議会　著作委員＝石見百江、冨永美穂子

煮しめ 〈宮崎県〉

県南西部の内陸部にある都城市《みやこのじょう》で煮しめ（しめもん）は、普段のおかずにも食べますが、行事のときには必ずつくられる「おごちそう」です。干し椎茸や昆布、里芋、ごぼう、にんじん、干し大根などをやや甘めの味つけで、煮汁が残らないように煮含めます。根菜は箸で切れるほどやわらかく、味もよくしみ、とてもおいしいものです。

盛りつけは一人分ずつ。すべての具をのせ、おごちそうのときはここにからいも（さつまいも）のせん切りに衣をつけて揚げた「がね」が1切れ加わるので、ボリュームがあります。

かつては食材はほとんどを自給でまかない、飼っている鶏をしめて入れることも多かったそうです。干し椎茸や干し大根も自家製でした。干し大根は生の大根がとれない季節に欠かせず、年間を通して食べることができるようにと、12月の収穫後に乾燥させて保存しました。今でも大根を切るスライサーを自作し、好みの厚さや長さに手づくりする家庭があります。

協力＝西トミ、木下テル子、都城西岳加工グループ　著作委員＝秋永優子、篠原久枝

撮影／高木あつ子

＜材料＞ 5人分

干し大根*…3本程度
大根…1/4本
にんじん…1本
ごぼう…1本
揚げ豆腐（中厚揚げ）…3枚
こんにゃく…1枚
里芋…5個
干し椎茸…5枚
野菜昆布…50cm
だし汁（干し椎茸・昆布の戻し汁といりこ）…適量
黄ザラ（中双糖）…50g（煮しめる材料の5%）
うす口醤油…大さじ2と1/2（煮しめる材料の4%強）

*幅広で長い干し大根。割り干し大根、つるし大根、いかん手とも呼ばれる。

◎干し大根の戻し汁にも旨みが出ているが、風味が強くなるので使わない。

◎仏事でなければ、骨つき地鶏を入れることが多い。水からゆでてザルにあげ、浸る程度の水と調味料を加えてやわらかくなるまで煮て、その煮汁で他の材料を煮る。

＜つくり方＞

1 昆布と干し椎茸を別々に水で戻す。戻し汁はだし汁として使う。
2 干し大根を30分ほど水に浸し、ある程度しわがのびたら水からあげて洗う。味や香り、歯応えがなくなるので長時間水につけない。
3 材料は1人当て1切れずつになるように大きく切る。大根、にんじん、ごぼうは縦長の拍子木切りか長めの斜め切りにする。干し大根は太いものは10cm程度の長さに切り、薄いものは長いままリボンのように蝶結びにする。揚げ豆腐は対角に切り三角形、こんにゃくは手綱にする。里芋や干し椎茸は切らずに丸のままで、昆布は結ぶ。
4 鍋にだし汁を入れ、昆布、椎茸、干し大根、ごぼうとかたい材料から順に入れて煮る。だし汁は材料が浸る程度。煮立ったら黄ザラを加えて20～30分煮て、醤油を加え煮汁が少なくなるまでじっくりと煮しめる。
5 銘々皿に1切れずつ盛りつける。

〈大分県〉
あいまぜ

切り干し大根やこんにゃく、干し椎茸、干しぜんまいやにんじんなどのたっぷりの具材を使った久住地方の白和えで、昔から冠婚葬祭のおもてなし料理として正式なお膳には欠かさず出されてきました。大人数の来客用に一度につくるため、大きなすり鉢で2人から3人がかりで「そらやれ」「ホイホイ」「それそれそれ」とかけ声をかけながら、すりこぎを互い違いにすり合わせて豆腐とごまをすって衣をつくります。このことからあいまぜと呼ばれるようになりました。

乾物を使うのは、一年中あいまぜがつくれるように、また、干すことで素材の旨みが凝縮されてよりおいしくなるからです。歯切れのよい切り干し大根に、弾力のある干し椎茸とこんにゃくが合わさると食感もよく、やわらかい衣をまとって全体がまとまります。昔は地域の行事には各家庭で分担して材料を持ち寄り、豆腐やこんにゃくもつくっていました。手間はかかりますが、今もなくてはならない大切な料理です。

協力＝村田フミヱ、小澤スミエ、佐藤邦子、堀田貴子　著作委員＝望月美左子

撮影／戸倉江里

<材料>4人分

切り干し大根…30g
干しぜんまい…30g
干し椎茸（中）…3枚
こんにゃく…1/2枚
にんじん…1/4本（50g）
干し椎茸と切り干し大根の戻し汁…各適量
うす口醤油…大さじ2/3
砂糖…大さじ1強
みりん…大さじ1/2強
┌豆腐…2/3丁
│白ごま…大さじ4
│砂糖…大さじ2
└塩…小さじ1

◎具材は季節で異なる。たけのこやわらびなどの山菜、きのこ、ほうれん草なども入れる。

すりこぎが互い違いになるように動かしながらする

<つくり方>

1 熱湯1ℓに重曹小さじ1を加えて溶かす。干しぜんまいを入れて2時間ほどつけ、水にとってさらす。
2 ぜんまいとたっぷりの水を鍋に入れて火にかけ、沸騰直前に火を止めそのまま冷ます。人肌の温度になったら軽く手でもみ、水をとり替える。これを2度繰り返し、そのまま冷まして一晩おく。
3 切り干し大根は水に20分ほど浸して戻す。ぜんまいは3〜4cmに切る。椎茸は水で戻して薄切りにする。ゆでこぼしたこんにゃく、にんじんは細めの短冊切りにする。干し椎茸と切り干し大根の戻し汁、調味料を鍋に入れ、すべての具材がやわらかくなり、水けがなくなるまで強火で10分ほど煮る。
4 豆腐は布巾で包み、重しをして20分ほどおき水けをきる。すり鉢にごまを入れてすり混ぜ、その中に豆腐を入れ、よくする。なめらかになったら砂糖、塩を加える。
5 3の具を入れて混ぜ合わせる。

にんじん・ごぼう・れんこん

根菜は、秋が深まると根や茎にでんぷんをたくわえて、おいしくなります。ここでは大根以外で根菜がメインの料理を集めました。彩りになるにんじん、縁起もののごぼうやれんこん、しょうがやくわいも登場します。

〈青森県〉

にんじんの子和え

見た目にも鮮やかなにんじんの子和えは、青森の年越しや正月に欠かせない料理です。昔は年末になると、奮発して5～6kgほどある真だらを1尾まるまる買って、各家庭でさばいていました。たらこはにんじんの子和えや醤油漬けに、身は昆布じめや焼き物に、残ったアラはじゃっぱ汁にと捨てずに大事に使いました。冬のにんじんとうまみたっぷりの真だらの子を使ったにんじんの子和えは、味の組み合わせがよく、子どもから大人まで大好きな一品です。にんじんの甘味とたらこの磯の香りで箸が進みます。

入れる食材は、にんじん、たらこ、しらたき以外は地域によってさまざまです。内陸部では大根やわらび、高野豆腐やねぎなどを、日本海側では岩のりを入れることもあります。最近では、甘塩の真だらの子が通年売られており、真だらを1尾買わなくても手軽につくれるようになったので、年越しや正月以外でも食べたいときにご飯のおかずとして食卓にのぼるようになりました。

協力＝森山千恵子　著作委員＝今井美和子

撮影／五十嵐公

＜材料＞ 4人分

にんじん…1本（160g）
真タラコ（甘塩）*…50g
酒…大さじ1と1/2
しらたき…100g
高野豆腐…1個（15g）
長ねぎ…1/6本（10g）
だし汁（昆布と煮干し）…1カップ
醤油…小さじ1/2

*スケトウダラのタラコでもよい。生の真タラコを使う場合は味をみて塩を加える。

＜つくり方＞

1 タラコは皮から出し、酒を加えながら混ぜてペースト状にのばす。
2 しらたきは3cm長さに切って塩もみして湯通しし、水けをきる。
3 ねぎは小口切りにする。
4 高野豆腐はぬるま湯につけて戻し、軽くしぼり、3mm角、3cm長さに切る。
5 にんじんを3cm長さのせん切りにする。鍋に入れ、だし汁で煮る。
6 途中、しらたき、高野豆腐を加え、にんじんに火が通るまで煮る。水分が残っているうちにタラコと醤油を加える。タラコに火が通り、均一に混ざったら器に盛り、ねぎをちらす。

真タラコ（甘塩）

〈沖縄県〉
にんじんシリシリー

「シリシリー」は方言でおろすまたはせん切りの意味で、その動作やすりおろすときの音からきたものともいわれています。また、おろし器、おろした物を使った料理の名前としても用いられています。

終戦後しばらくは、トタンや大きめの缶の蓋に釘で穴をあけ、それを使ってにんじんをおろした時期もあったといいます。昭和20年代には、卵は貴重品でしたが、卵が手に入りやすくなってからは身近な料理になりました。シリシリ器（にんじんをおろすときに用いるおろし器の呼称）が出回り始めたのはいつ頃かはっきりしないのですが、包丁を使ってせん切りをするよりも簡単で、力を入れずにんじんをおろすことができます。シリシリーしたにんじんを油で炒め、卵などとの組み合わせで味がまろやかになるため幅広い年代に好まれています。手軽につくれて彩りもよく、子どもの弁当のおかずの一品としても重宝されています。

協力＝喜納静子、平田信子、大城芳子、高良和子　著作委員＝田原美和、大城まみ

撮影／長野陽一

＜材料＞ 4人分

にんじん*…2本（200g）
卵…2個
にら…1/2束（50g）
油…大さじ1
塩…小さじ1/3（2g）

*沖縄県で伝統農産物とされている黄色い「島にんじん」を使ってもよい。

＜つくり方＞

1 にんじんは皮をむき、シリシリ器（シリシリー／スライサー）でおろす（写真①）。シリシリ器のないときはせん切りにする。にらは2cmの長さに切る。
2 フライパンに油を入れ、中火で1のにんじんを炒める。しんなりしてきたらにら、塩の半量（1g）を入れる。
3 卵を溶きほぐし、残りの塩（1g）を加え2に流し入れる。卵が固まり始めたら混ぜながら炒める。卵に火が通ったらできあがり。

〈群馬県〉
きんぴら

撮影／高木あつ子

<材料> 4人分

ごぼう…1〜2本（300g）
にんじん…1本（150g）
煮干し…3尾
赤唐辛子…1/3本
油…大さじ1と1/2
水…1/2カップ
酒…大さじ1と1/2
砂糖…大さじ1と1/2
みりん…大さじ1
醤油…大さじ2

<つくり方>

1 ごぼうは皮を包丁でこそげて太めのせん切りにし、水に浸してアクを抜く。にんじんも太めのせん切りにする。
2 煮干しは頭と腹ワタを除き、半身に割る。
3 赤唐辛子は種を除いて小さくちぎる。
4 鍋に油を引き、煮干しと赤唐辛子を入れて火にかけ、香りを出す。
5 ごぼう、にんじんの順に加え、油がなじんでしんなりするまで炒る。
6 分量の水を加えて蓋をして、ごぼうがやわらかくなるまで蒸し煮する。
7 酒、砂糖、みりんを加えてひと煮立ちさせ、醤油を加えてほどよく汁けがなくなるまで炒る。

◎歯ごたえを残したいときは野菜を細く切り、水を少量にして蓋をしないで炒る。

◎煮干しや赤唐辛子は好みでよい。弔事にはにんじんを入れない。

常備菜にも、お祝いや法要、行事の際のおかずにも欠かせないのが、群馬県人にとってのきんぴらです。うどんやそばの「こ（具）」にもきんぴら。温かいうどんでも冷たいそばでもつゆに入れて一緒に食べると、油のコクが加わりおいしくなります。焼いたもちにはさむと油がなじんでもちがかたくならないので、おにぎりのように持ち歩くこともできます。

きんぴらは、たいてい麺をゆでるアルミの大鍋でつくります。人が集まる行事には大量につくって大鉢で出し、余ったものは持ち帰りました。温め返すと味がよくなじんで、それがまたおいしいのです。ごぼうの切り方や他の材料、味つけなどはそれぞれの家の好みがあるので、「この家のものは歯ごたえがある」とか「鉄鍋で炒るので黒い」とか感想をいいながら食べます。

きんぴらはいつでもつくるので、農家でなくてもごぼうやにんじんを庭先や畑などに埋めておき、必要なときに掘り出して使えるような状態にしていました。

協力＝田中妙子、富永光江、星野マサ江
著作委員＝神戸美恵子

〈福井県〉

ごんぼの油炒め

　短冊切りにしたごぼうは「バリバリ」と形容したくなる歯ごたえで存在感があります。いわゆるきんぴらごぼうですが、唐辛子をきかせて「からごんぼ」と呼ぶ地域もあり、県下全域で食べられています。普段の食卓にも登場しますが、浄土真宗の開祖・親鸞聖人の徳を慕う報恩講には欠かせない一品です。他に正月などハレの日の料理としてもよくつくられるものです。

　報恩講では、都を追われ越後（新潟）に流刑となった親鸞聖人が、その後関東へ向かい人々のために布教を続けたつらい旅の苦労をしのび報恩講料理がつくられます。使われるそれぞれの食材に意味があり、ごぼうは「杖」を表しているそうです。他には椎茸は笠、にんじんはあかぎれになった姿などと伝えられています。

　報恩講の料理は大量につくるため、何日も前から準備が始まります。ごんぼの油炒めは短冊切りで手早くたくさんつくれて、一晩おいて味がなじんだところがおいしく、つくりおきができる報恩講向きの料理なのです。

著作委員＝森恵見、佐藤真実

撮影／長野陽一

＜材料＞ 4人分

ごぼう…1/2本（100g）
醤油…大さじ3
砂糖…大さじ3
酒…大さじ2
みりん…小さじ2
赤唐辛子…2本
油…適量

＜つくり方＞

1 ごぼうを洗い、皮をこそげる。
2 4cmの長さの短冊切りにする。
3 フライパンに油を熱し、ごぼうを入れ、しんなりするまで炒める。
4 みりん以外の調味料と輪切りの唐辛子を入れて、蓋をして5分くらい煮る。
5 みりんを加え、ひと煮立ちしたら火を止める。すぐ食べてもよいが、一晩おくとおいしい。

撮影／長野陽一

〈滋賀県〉

ねごんぼ

湖東、湖南で食べられている、根菜をたっぷり使った煮しめです。ごぼうと昆布が入るのが特徴で、根強く仕事ができるよう祈願する縁起のよい食べものとして、年越しや正月に欠かせない料理です。ごぼうはたくさんとれるものではなかったので使う量は少しでしたが、独特の香りでうま味が引き立ち、味に深みが出ます。味つけはシンプルですが、素材の旨みや甘味が感じられ、棒だらの煮物やにしんの昆布巻などたんぱく質が多くなるおせち料理との相性もよいものです。

冬の間、畑に雪が積もる湖東では、野菜が不足しがちでした。そのため、雪が降る前にごぼうや大根、にんじんなどの根菜を掘り起こして小屋に保存しておき、これらを五升鍋で炊いて大量のねごんぼをつくり、年越しから正月三が日の間、温めなおしては食べていたそうです。日常的にもつくり、風呂で使う洗い桶より少し大きな「根ごんぼ桶」と呼ばれる専用の桶やこね鉢に入れて保存していました。

協力＝小島朝子、中村紀子
著作委員＝高橋ひとみ

＜材料＞4人分

ごぼう…1/5本（30g）
大根…1/5本（200g）
にんじん*…1/5本（40g）
里芋…中2個（80g）
昆布…10g（約10cm角）
水…1と1/2カップ程度
小さめの煮干し…10尾（10g）
醤油…大さじ1

*正月は赤色が華やかな金時にんじんを使う。

＜つくり方＞

1 ごぼうは皮をこそげ落とし、3cm長さに切り、水にさらす。大根とにんじんは5mm程度の輪切りあるいは半月切りにする。里芋は皮をむいてひと口大に切る。昆布ははさみで2cm角に切る。
2 醤油以外の材料を鍋に入れてやわらかくなるまで弱火で15～20分ほど煮る。水の量は材料が少し顔を出すくらいに調整する。
3 すべての材料に火が通り、やわらかくなったら、醤油を加え、全体になじんだら火を止める。

煮和え

〈茨城県〉

県央地区は畑作地帯で、煮和えは地元でとれた野菜を使ってつくられてきた料理です。水戸藩のお膝元である茨城県は寺院や神社が多く、子安講《こやすこう》(関東地方で見られる既婚の女性が集まって安産祈願のために子安観音や地蔵をまつる講)などの集まりが多い地域でした。そのような子安講や人寄せのとき、煮和えは持ち寄り料理のひとつになっていました。

特別な材料は使いませんが、火を止める直前に酢を入れるなど、炒め煮なのに酸っぱい味つけが独特です。れんこん以外の材料は、しらたきに合わせてできるだけ細く切り、根菜類もしゃっきりした食感にします。醤油は少なめにして白く仕上げるので、日常の煮物やきんぴらと違って上品な風合いになり、もてなしの料理にもしていたようです。仏事の際は赤い色のにんじんは入れません。行事に限らず、弁当のおかずなどにして、昔から親しまれてきた料理です。

協力＝塙茂、坪来久子
著作委員＝石島恵美子

撮影／五十嵐公

<材料> 10人分

- ごぼう…1本（200g）
- にんじん…2/3本（100g）
- れんこん…1/2節（100g）
- 椎茸…4枚
- 油揚げ…2枚
- しらたき…1玉

油…大さじ2
だし汁…3/4カップ
砂糖…大さじ3
みりん、醤油…各小さじ2
塩…小さじ1
酢…大さじ2
白ごま…大さじ1

<つくり方>

1 油揚げは熱湯をかけて油抜きする。しらたきは4cmくらいに切ってゆで、から炒りする。
2 れんこんは薄いいちょう切りにする。
3 ごぼう、にんじん、椎茸、油揚げは、細いせん切りにする。
4 鍋に油を熱し、1〜3を入れてさっと炒る。だし汁、砂糖、みりんを入れ、やわらかくなってきたら、塩と醤油を入れる。
5 汁がなくなってきたら、酢を入れて火を止める。酢は火を止める間際に入れる。

◎白ごまを混ぜたり、ふったりしてもよい。

〈埼玉県〉

はすと大根の白和え

埼玉県は海のない県なので新鮮な魚こそ手に入りませんでしたが、県北東部に位置する加須市は川が近く土地が豊かだったため、庭先ではさまざまな野菜が栽培され、折々の季節に旬の野菜を楽しみました。料理はとれたての野菜の味を生かすものがほとんどで、貯蔵加工はあまりしませんでした。白和えのほかにも、浅漬けや天ぷらなど、旬の新鮮な野菜を食べるのが普通だったといいます。

また、この地域では埼玉県のほかの地域同様うどんがよく食べられますが、夏には旬の野菜をたっぷり使って具だくさんの冷や汁をつくり、うどんと共にとれたての野菜の味を楽しみました。

この白和えは、はすのおいしい秋から冬にかけてつくられます。つくり方は普通ですが、この地でとれたてのはすを使うのが特徴で、はすのシャキシャキした食感と大根のそれが調和して、適度な歯ごたえが食欲をそそります。さらに大根の葉が彩りを添えています。

協力＝落合美佐子
著作委員＝河村美穂

撮影／長野陽一

＜材料＞ 4人分

はす（れんこん）…小1/2節（70g）
大根…5cm（180g）
塩…小さじ1/2（3g）
あれば大根の葉…30g
にんじん…1.5cm（15g）
糸こんにゃく…40g
＜和え衣＞
絹ごし豆腐…150g
白ごま…大さじ1（8g）
味噌…大さじ2/3強（13g）
砂糖…小さじ2強（7g）
醤油…小さじ1/2

＜つくり方＞

1 はすは皮をむき、半月切りにして水にさらし、下ゆでする。
2 大根は皮をむき、拍子木切りにして塩もみする。大根の葉がある場合には軽くゆでて2cmに切って水けをよくしぼる。
3 にんじんは皮をむき、細切りにして、下ゆでする。
4 糸こんにゃくは下ゆでし、2cmに切る。
5 和え衣をつくる。豆腐をペーパータオルなどで包み、重しをして元の6割重量（90g）になるまで水きりしてしぼる。ごまをすり、味噌、豆腐、砂糖、醤油の順に加えながらよくすり混ぜる。
6 5の和え衣にはす、大根、大根の葉、にんじん、こんにゃくを加えてよく和える。

〈石川県〉

れんこんの炊き合わせ

厚めに切ったれんこんの、もちっとした食感に油揚げ（厚揚げ）のコクと香りが重なり、何ともいえないおいしさと食べごたえのある一品です。

金沢産のれんこんは加賀野菜を代表する食材で加賀れんこんといわれ、でんぷん質が多く、太くて肉厚、粘りの強いのが特徴です。家庭では日常的に煮物や天ぷら、酢れんこんなどにして食べられています。また粘りけを生かして、すりおろして汁物（れんこんだんご汁）、蒸し物（はす蒸し）、茶席菓子（はす根羹《ねかん》）などに用いられます。

藩政時代、加賀藩初代藩主前田利家が、あるいは五代藩主前田綱紀《つなのり》がはすの苗を金沢城内に植えたといわれています。その後、米の収量の少ない湿田地帯で栽培されるようになりました。金沢の北部、大樋《おおひ》町（小坂地区）でつくられるれんこんがとくに有名です。れんこんはどこを切っても穴があり見通しがきくので、「先の見通しがよい」に通じるとあって、今も正月料理に欠かせない縁起物となっています。

著作委員＝川村昭子、新澤祥恵、中村喜代美

撮影／長野陽一

＜材料＞ 4人分

れんこん…1節（400g）
厚揚げ…1/2枚（150g）
だし汁（昆布とかつお節）…2カップ
砂糖…大さじ2
醤油…大さじ1と1/2
塩…小さじ1/2
酒…大さじ1

＜つくり方＞

1 れんこんは皮をむいて、1cmの厚さに切り、酢水（分量外）につけておく。
2 厚揚げは湯通しして、適当な大きさに切る。
3 れんこんは1の酢水で4〜5分ゆで、とり出しておく。
4 鍋にだし汁と砂糖を入れ、下ゆでしたれんこんと厚揚げを加え中火にかける。2〜3分煮た後、醤油と塩、酒を加えて好みのかたさに煮上げる。

加賀れんこん。節が多い

撮影／高木あつ子

〈山口県〉はすの三杯酢

＜材料＞ 4人分

はす（れんこん）…5〜6㎝（120g）
にんじん…1/5本（30g）
ちりめんじゃこ*…10〜12g
昆布…4㎝角1枚
A
- 酢…1/2カップ
- 砂糖…1/4カップ（30g）
- 塩…大さじ1/3
- だし汁（昆布）…大さじ1
- 酒…大さじ1

*かえりちりめん（大きめのちりめんじゃこ）でもおいしい。

＜つくり方＞

1 はすは皮をむき薄切りにし、10分ほど水につける。酢と塩少々（分量外）を加えた湯で約3分ゆでる。
2 にんじんは3㎝長さの短冊切り、昆布は細切りにする。
3 ちりめんじゃこはさっと洗い水けを除き、Aにつける。
4 はすとにんじんを**3**で和える。

はす（れんこん）のしゃきしゃきとした食感に、昆布とちりめんじゃこのうま味がきいた三杯酢がからんでさわやかなおいしさです。はすのおいしい季節にはよくつくりました。酢、砂糖を使い日持ちがするので、たくさんつくって、おいておけるのも忙しい主婦にはありがたい料理です。

瀬戸内海に浮かぶ周防大島《すおうおおしま》では「はすのさんばい」と呼び日常的にもつくりましたが、正月料理には欠かせない一品でした。はすの切り口の穴から先が見える（先が見通せる）という縁起物で彩りもよく、もちづくしの正月の食卓に、さっぱりしたさんばいがよく合いました。日常的にははすにちりめんじゃこ、ちくわなどの組み合わせでしたが、ハレの日には酢じめ魚などが使われ豪華になりました。

近くにはれんこんの産地として有名な岩国もあります。岩国ではハレの日の食膳は酢れんこんを飾った岩国ずしと、れんこんなど根菜の煮物の大平《おおひら》、はすのさんばいがお決まりのセットだそうです。

協力＝沼岡浪子、西村節子
著作委員＝山本由美

〈山梨県〉

しょうがの佃煮としょうがの天ぷら

県最南部の南部町は降水量が多く寒暖差が少ない温暖な気候で、しょうがの栽培に適しており、町の特産品になっています。とくに富沢地区は一年中雨が多くしょうががよくとれ、店では1kg単位で売っているほどです。佃煮や天ぷらは秋に大量にとれるしょうがを薬味ではなく野菜として利用する、産地ならではの料理です。佃煮は、辛みを除いたしょうがにうま味成分を含む昆布や干し椎茸を加えて煮含めた保存食です。天ぷらを楽しむのは、収穫期の秋。新しょうがにゆるめの衣をつけて揚げると、ピリッとした風味とサクサクした食感で食欲をそそります。

新しょうがは甘酢漬けに、古根はすりおろして冷凍保存し、捨てるところなく使います。昔、山に近い家では山に横穴を掘り、わらやむしろをかけてぬれないようにし、ほかの野菜などと一緒に大量に保存していました。今はしょうがを10月末に、翌年の栽培用の種として、袋に入れて室《むろ》の中に入れておきます。

協力=木村幸子、栗田恭子、佐野孝子、佐野勝代、佐野さとえ　著作委員=柘植光代

しょうがの佃煮

<材料> つくりやすい分量

大しょうが*…1kg
干し椎茸…50g
早煮昆布…30g
醤油、みりん、酒…各1カップ
砂糖…400g

<つくり方>

1 しょうがはよく洗い、薄く切る。1回ゆでこぼしたあと、一晩水でさらす。
2 干し椎茸は水で戻し、薄く切る。
3 早煮昆布は1cmくらいの長さに切る。
4 すべての材料を鍋に入れて、汁がなくなるまで中火で煮る。冷凍すれば、1年程度は保存できる。自然解凍して食べる。

*大しょうがは南部町の特産品で一つひとつが大きいので調理に便利。味がなじみやすく、辛みが弱いので食べやすい。秋が旬。町内の商店やスーパーでも売っている。

しょうがの天ぷら

<材料> つくりやすい分量

新しょうが（大しょうが）…100g
衣
- 小麦粉…1/2カップ
- 水…1/2カップ
- 塩、こしょう…各少々

揚げ油…適量
あればかぼすや穂じそ…適量

<つくり方>

1 しょうがはよく洗い、せん切りにする。
2 水に小麦粉と塩、こしょうを加えて、さっくり混ぜて衣をつくる。一般的な天ぷら衣よりゆるく仕上げる。
3 1のしょうがをまとめて衣をつけ、しゃもじなどですべらせて180℃の油で揚げる。
4 しょうがを入れたら少し放っておき、いじらない。表裏を返し、具材がパリッとして油の表面に浮かんできたらとり出す。
5 油を切り、くし形に切ったかぼすや穂じそを添える。

◎この天ぷらは、サクサク感を生かすため天つゆはつけない。好みで醤油、食塩、抹茶塩などをつける。

◎しょうがは薄切りでもよいが、せん切りのほうがシャキシャキ感がある。しょうがの渋みを消して味をまろやかにするため、また保存しておいたしょうがを使うときは衛生的に扱うために、いったん熱湯にさっと通してから揚げる方法もある。

しょうがの佃煮

しょうがの天ぷら

撮影／高木あつ子

撮影／高木あつ子

<材料> 4人分

小粒のくわい…25〜40個（120g）
油…適量
塩…少々

<つくり方>

1 くわいを洗って周りをきれいにし、水けをきる。
2 油を180℃に熱し、くわいを入れきつね色になるまで揚げる。
3 熱いうちに塩を好みでふる。

から揚げは小さいくわいでつくる。大きいと中に火が通る前に芽が焦げることがある

〈広島県〉

くわいのから揚げ

岡山県との県境にある福山市は日本一のくわいの生産地です。江戸時代に干潟を干拓して土地がつくられた福山市にはため池が多く、沼地には水生植物のオモダカが自生していました。このオモダカの栽培種がくわいで、市の南部などを中心に栽培されています。

くわいは芽が出ている姿が縁起がよいとされ、福山市の家庭では皮をむいて甘く煮た甘煮がおせち料理に入ります。甘煮と並び親しまれているのがから揚げ（素揚げ）です。もともとは、正月用に出荷できない小さいくわいを捨てるのはもったいないと、生産者が家庭で揚げて食べていたもので、それがおいしいので学校給食にとり入れられ、一般家庭にも広まりました。

油でからりと揚げるとホクホクとして苦味も消え皮ごと食べられるので、子どものおやつや手軽なおつまみにぴったりです。福山市内では12月になると小さいくわいが出回り、から揚げは季節限定の味として食べられています。

協力＝福山市食生活改善推進員協議会、福山市保健所、JA福山市　著作委員＝木村安美

葉物・ねぎ

葉物はほうれん草や小松菜などが一般的ですが、じつは地域ごとに大事に育てられてきた品種があり、今も食べられています。ここではそれらを使った各地のおひたしや和え物などが出てきます。そのほか、長ねぎがメインになるレシピもとりあげました。

〈山形県〉

ひやしる

ひやしる（冷や汁）は、県南部の米沢市を含む置賜《おきたま》地方において、来客時やハレの日の膳につくることの多い最も代表的な郷土料理です。手間ひまかけて丁寧につくるおひたしで、干し貝柱と干し椎茸、凍みこん（凍みこんにゃく）で浸し汁をつくり、ゆでた野菜を和えます。かつてはほっき干し（ほっき貝の乾物）を使うこともありました。上杉家由来のいわれがあり、戦国時代の陣中食だったとも、一汁一菜を励行した上杉鷹山《ようざん》公を慕い領民が生み出したともいわれています。

たっぷりとつくるのが常で、自宅で行なわれた昭和初期の婚礼では客が着座すると、ひやしる、数の子、つぶつぶ煮（伝統野菜のおかめささぎと、里芋などの野菜を貝柱のだしで煮た薄味の煮物）の3品でまず酒をすすめ、ひやしるは何杯おかわりしてもよいものでした。

季節の野菜を使い一年中つくりますが、秋冬の野菜でつくるのが最もおいしく、正月には雪菜《ゆきな》、小野川豆もやし、ほうれん草などを使います。

協力＝神保道子、松本時子、宮崎静子
著作委員＝齋藤寛子

＜材料＞ 5～6人分

【具】
ほうれん草…100g
キャベツ…100g
雪菜…100g
豆もやし…50g
にんじん…20g

【浸し汁】
干し貝柱…2～3個（8g）
干し椎茸…2枚
凍みこん（凍みこんにゃく）…1枚
だし汁（貝柱の戻し汁）…325mℓ
醤油…1/4カップ（50mℓ）
みりん…1/4カップ（50mℓ）

◎だし汁：醤油：みりんは6.5：1：1。

◎具は季節で変え、春はくきたち（アブラナ科の野菜。春先に出る花茎を食べる）、夏はおかひじき、きゅうりなどを用いる。

◎上品にするには季節を表す天盛りを用意する。春はうど、夏はみょうが、秋・冬は黄菊や和梨、生栗のせん切りなど。

＜つくり方＞

1 浸し汁をつくる。干し貝柱は前の晩から水に浸し、やわらかく戻ったら貝柱をほぐす。戻し汁はだし汁として使うので、とっておく。
2 干し椎茸は水で戻し、薄切りにする。
3 凍みこんは水で戻し、水が白くにごらなくなるまで、水を替えながら拝み洗いをする（両手ではさんでしぼりながら洗う）。水けをよくしぼり、縦に半分に切り、7～8mm幅の短冊切りにする。
4 1の戻し汁に、たりなければ水をたして325mℓのだし汁にし、醤油、みりんとともに鍋に入れ、1～3の具を入れて火にかける。沸騰したら表面のアクをとり、軽く沸騰が続く程度の弱火で5分ほど煮て、火から下ろし冷ます。
5 具を準備する。ほうれん草はゆでて3cm長さに、キャベツもゆでて3cm長さの短冊切りにする。
6 雪菜は根元を外してよく洗い、3cm長さに切る。湯通しする程度にさっとゆでてザルにあげ、そのまま冷ます。
7 豆もやしはひげ根をとり、ゆでて3cm長さに切る。にんじんは3cm長さのせん切りにしてさっとゆでる。
8 浸し汁が冷めたら5～7の野菜を和え、1時間から一晩、味をなじませる。夏は冷蔵庫に入れる。
9 たっぷりの浸し汁とともに器に盛りつける。

雪菜は、雪の下でとう立ちさせて（花茎をのばして）育てる。日が当たらないので白い。かつては「かぶのとう」と呼び、冬の貴重な生鮮野菜だった。米沢ではさっと湯通しして「ふすべ漬け」にすることが多く、漬物はしゃきっとした歯ごたえと辛みが特徴

小野川豆もやし（上）と、浸し汁の材料の凍みこん（左）、干し貝柱（中）、干し椎茸。豆もやしは冬場の農家の収入源として、米沢市小野川温泉の廃湯熱を利用して栽培されてきた。一般的な豆もやしよりも太くて長く、保存性がよい。凍みこんは板こんにゃくを薄く切り、冬の乾燥した晴れた日に干して、水をかけてはまた干す作業を繰り返してつくる。昔から置賜地方ではつくられず、茨城県からとり寄せる

撮影／長野陽一

〈埼玉県〉

ほうれん草のごまよごし

中山道が通り、江戸時代には交通の要所だったさいたま市は、関東大震災で比較的被害が少なかったことから、東京のベッドタウンとして発展してきました。昭和35〜45年当時は農家でなくても自家用の野菜をつくっている家庭が多く、ほうれん草もよく育てて食べた野菜です。葉物は小松菜よりもほうれん草の利用が多かったそうで、今も埼玉県はほうれん草の生産量が全国2位（2016年度農林水産省作物統計より）です。国産のごまの自給率は0.1%と大変低いですが、栽培が容易だったので、昔は自家用につくられていました。

ごまはその色、すり加減で味わいが違います。ほうれん草のごまよごしは深い緑色に黒いごまが映えて美しい料理です。県内にはごまを使った「冷や汁」があり、そちらは黒ごまではないことから、料理によってごまを使い分けして、食卓を色鮮やかにしていたのです。ごまよごしは日常的によく食べており、子どもたちも好きだったといいます。日常の暮らしの中に根づいたさもない料理ですが、だからこそ、大切にしてほしい味です。

協力＝須賀和子、山内邦子　著作委員＝駒場千佳子

撮影／長野陽一

<材料> 4人分

ほうれん草…1束（300g）

- 醤油…小さじ1
- だし汁…大さじ1

衣

- 黒ごま…大さじ3
- 砂糖…大さじ1
- 醤油…小さじ2
- だし汁…大さじ1/2

<つくり方>

1 たっぷりの湯にほうれん草を根元から入れてゆでる。根元がやわらかくなったら水にとって冷ます。

2 水けを軽くきり、長さ4cmに切る。だし割り醤油を加えて混ぜて下味をつけ、軽くしぼる。だし割り醤油でだし洗いすることでアクが除かれ、水っぽさがなくなる。

3 ごまを鍋に入れて、混ぜながら軽く温める。ぷちぷちとはぜたら、すり鉢に移してする。砂糖と醤油を加えながらすり混ぜ、だし汁を加えて衣のかたさを調節する。

4 3にほうれん草を入れて、衣を和え混ぜる。

〈富山県〉
よごし

撮影／長野陽一

<材料> 4人分

大根葉…100g
ごま油…小さじ1
味噌…大さじ1
刻みごま(白)…大さじ1
みりん…少々
砂糖…大さじ1
赤唐辛子…少々

<つくり方>

1 大根葉はたっぷりの湯でゆで、ゆであがったらすぐに氷水にとり、アクを抜く。
2 1をしっかりしぼり、細かく刻む。
3 フライパンにごま油を入れ、2を入れて中火で炒め、全体に油が回ったら味噌、ごま、みりん、砂糖、輪切りにした唐辛子を入れ、味を調える。

<なすのよごし>
なす5個は細かく刻み、水にはなしてアクを抜く。たっぷりの湯でゆで、やわらかくなったらザルにあげ、しっかりしぼる。味噌大さじ2、刻みごま大さじ1で味をつける。仕上げに輪切りの赤唐辛子を混ぜる

ゆでた野菜を刻んでごま味噌で和えたものを「よごし」といい、手軽に野菜を食べるには最適の料理です。ごまが入ってコクのある甘辛の味噌に唐辛子がピリッとしたアクセントを加えています。冬には大根葉が、夏にはなすがよく使われます。

砺波《となみ》市は県西部に位置し、田園風景の中にカイニョと呼ばれる屋敷林に囲まれた農家が点在する散居村の美しい地域です。チューリップの球根の生産量が日本一で、米どころでもあります。よごしは一口ずつ食べるものではなく「ご飯をよごすくらい」にたっぷりかけて勢いよく食べる、ご飯が進むおかずです。大根葉やなす以外にもかぶの葉や干し野菜などでつくり、食卓にはいつもなにかのよごしが置かれているほど親しまれてきました。ある方は息子さんがよごしをつくってくれるようになったが、その味は教えてもいないのに自分がつくったのと同じでうれしかったといいます。家々の味として母から子へ、孫へと伝えられる味です。

協力＝田嶋文子、田嶋光範
著作委員＝深井康子、守田律子

〈奈良県〉

下《しも》北《きた》春《はる》まなのおひたし

吉野郡下北山村は奈良県の東南端にあり、四方を山に囲まれています。気候は温暖ですが、日本屈指の多雨地域です。この地域で昔から自家用に栽培してきた菜っぱが下北春まなです。

下北春まなは、奈良県では「大和の伝統野菜」に認定されており、おもに漬物用として利用されています。9月下旬に種をまき10月中旬に植え替えし、12月から2月にかけて収穫します。現在では、乾燥粉末での利用が検討されていますが、昔ながらの家庭での食べ方は、やはりおひたしです。葉が厚く濃いうま味と甘味があります。収穫時期にとれたてをゆでてつくる場合や、下ゆでしたものを冷凍しておいてつくる場合もあり、地元では年中楽しんでいます。

下北山村は標高が高いため、真冬は氷点下まで気温が下がることもありますが、その寒さも春まなをおいしくします。霜にあたった春まなは、とくに甘味があり、生で食べることもあるそうです。おひたし以外にも、酢味噌和えやごま和えにしてもおいしく食べられます。

協力＝大崎邦子、辻道子
著作委員＝三浦さつき

撮影／五十嵐公

<材料> 4人分

下北春まな…2束（200g）
塩…少々
醤油、みりん…各大さじ1
かつお節…適量

<つくり方>

1 下北春まなを洗い、沸騰した湯に塩少々を入れてゆでる。
2 冷水にとり、根元を切り落として3㎝に切る。
3 醤油、みりんを合わせて、2を和える。
4 器に盛り、かつお節をのせる。

下北春まなのごま和え。同様にゆでた春まなに、白ごま、砂糖、醤油で衣をつくり、和える

撮影／高木あつ子

〈広島県〉
がせつ

　瀬戸内海に面し、すぐ後ろに山が控える尾道市では、正月には海のものと山のものを合わせて食べる習慣があります。瀬戸内でとれた地物のアナゴはほうれん草と合わせます。焼きアナゴとほうれん草の和え物は、賀節《がせつ》、賀日《がじつ》和えといわれ、正月や祝いごとなどに広くつくられてきました。尾道市や福山市では合わせ酢で和えますが、三原市では同じ材料を醤油やみりん、酒などで薄味でさっと煮ます。

　昔は尾道と向島《むかいしま》との間の尾道水道や、向島南側の藻の多い海にアナゴが多く、その日の朝にとれたものを魚屋や行商の女性が売っていました。尾道市の家庭では、12月半ばになるとアナゴをたくさん買って寒い屋外で七輪の炭火で焼き、砂糖醤油を入れた蓋つきの瓶に漬けておいたそうです。それを雑煮、茶碗蒸し、巻きずし、ちらしずしなどに入れます。現在も大みそかにはアナゴやほうれん草を入れた巻きずしをたくさんつくり、正月におせちや煮しめと一緒に食べるそうです。

協力＝岡本節子、篠原幸子
著作委員＝渕上倫子、石井香代子

＜材料＞ 4人分

ほうれん草…1束（240g）
アナゴ（開き）…2尾
たれ
- 酒…大さじ1
- 醤油…大さじ1
- みりん…大さじ1
- 砂糖…小さじ1/2

合わせ酢
- 酢…大さじ2
- 砂糖…大さじ1と1/2
- 醤油…大さじ2/3

ゆずの皮…適量

＜つくり方＞

1. ほうれん草はゆでて水にとり、かたくしぼって3cm長さに切る。
2. アナゴを網の上で、強火の遠火で皮の方から3〜5分焼いて焦げ目をつけ、返して焼く。混ぜ合わせたたれを刷毛でつけ、2回ほど繰り返して焼く。
3. 焼きアナゴを冷まし、小さいものはそのまま、大きいものは縦半分にして、どちらも1cm幅に切る。
4. ほうれん草とアナゴを合わせ酢で和える。器に盛り、ゆずの皮のせん切りを天盛りする。

◎合わせ酢にゆずのしぼり汁を少量加えると香りがよい。

〈山口県〉

ちしゃなます

ちしゃはサニーレタスに似た県の伝統野菜で、赤みを帯びた色をしています。サニーレタスより肉厚で少しほろ苦い味です。かつては家々の庭先に植えられていました。外側の葉から「かいで（摘んで）」使ったということで、かきちしゃとも呼ばれています。葉先が縮れているのでちりめんちしゃと呼ぶこともあります。ちしゃはアク抜きが必要ですが、近年では店頭でちしゃを手に入れるのが困難なことと、アクのない方が食べやすいため、サニーレタスで代用されることが多くなっています。

ちしゃなますは、ちしゃもみとも呼ばれていて、生のちしゃを酢味噌で和える和風のサラダといえそうです。粉状になるまでよくすったいりこを混ぜたいりこ味噌は旨みが濃くちしゃとの相性がよいものです。和風のディップとしても応用できるでしょう。

他にも空炒りしたいりこや焼き鯖をほぐしたもの、ちりめんじゃこやいかなどの海産物を加えてちしゃと酢味噌で和える食べ方が県内全域にあります。

協力＝和田サキ代　著作委員＝櫻井菜穂子

撮影／高木あつ子

＜材料＞ 4人分

ちしゃまたはサニーレタス…120g
いりこ…8g
麦味噌…大さじ1と1/3
砂糖…大さじ1
酢…大さじ1

＜つくり方＞

1 ちしゃを洗って手でちぎり、水に放してアクを抜き、水けをとる。
2 いりこは頭と腹をとり、鍋で空炒りして、すり鉢で粉状になるまでよくする（写真①）。
3 2に麦味噌、砂糖、酢を加えてすり混ぜ、いりこ味噌をつくる（写真②）。
4 3のすり鉢にちしゃを入れ、食べる直前に和える。

◎空炒りしたいりこはすらずに小さく割いて味噌と混ぜる場合もある。ちりめんじゃこをそのまま入れてもよい。

〈香川県〉
まんばのけんちゃん

まんばは下葉をかいて使う香川の代表的な野菜です。葉が大きく霜でも傷まず秋から春先まで収穫できるので、昔から讃岐人にとって貴重な野菜でした。かいてもかいても次々芽吹くことから、万葉《まんば》、千葉《せんば》、県西部では「ひゃっか」と呼ばれています。これは百貫がなまったという説や、中国からまんばが渡来し、青物の不足する冬でも百日食べられるので「百華」という説があります。けんちゃんはまんばと豆腐の炒め煮で、豆腐料理の「けんちん」がなまったといわれています。

まんばの葉は筋張ってかたく見えますが、ゆでるとすぐにやわらかくなり、ほのかな甘味が口に残ります。春先には黄色い花が咲き、芯を摘んで浅漬けにします。これは独特の辛みがあり、お茶うけにもってこいです。まんばの料理は三度の食卓、近所の集まりなどで出されてきました。4月の春遍路のお接待初めには、刻んだまんばと油揚げの入ったうどんをふるまうお寺もあります。

協力＝三野道子、岩本仟子
著作委員＝次田一代

撮影／高木あつ子

<材料> 4人分

まんば*…4枚（300g）
いりこ …10g
豆腐…1/2丁（200g）
油揚げ…1/2枚
油…小さじ2
水（またはだし汁）…1/2カップ
醤油、みりん…各大さじ1
ごま油…大さじ1

*高菜の一種で葉をかいて使う。次から次へと葉が出てくるので万葉。千葉、百花（ひゃっか）とも呼ばれる。

<つくり方>

1 まんばはアクが強いのでたっぷりの熱湯でゆでこぼし、冷水で香りが飛ばない程度にさらして水けをきり、1cm幅に切る。
2 油揚げは熱湯で油抜きをして、せん切りにする。いりこは4cmくらいならそのまま、それ以上の大きさなら腹や頭をとる。
3 鍋に油を熱し、いりこを香ばしい香りが出るまで炒り、まんばを加えて炒める。まんばの独特の香りがたったら、油揚げ、ほぐした豆腐を加えてさっと炒め、水を加えて煮る。
4 醤油、みりんで味つけし、炒り上げ、ごま油をふって火を止める。

〈沖縄県〉

ンジャナスーネー

「スーネー」は豆腐や味噌を用いた白和えのことで、ンジャナ（にがな＝ホソバワダン）やンスナバー（ふだん草）がよく使われます。ほのかに苦味のあるにがなとたっぷりの豆腐を和えたンジャナスーネーは、日常食としても、また法事・旧盆・正月などの行事食としてもつくられます。島豆腐を丁寧に水きりするので水っぽさがなく、しっかりとした食べごたえです。白ごまやツナなどを入れることもあります。にがなは細く切ると苦味を感じにくくなるので、よく研いだ包丁を使うのがポイントです。

にがなは沖縄の伝統的農産物28品目の一つにあげられている島野菜で、和え物や汁物、炒め物、天ぷらにと幅広く用いられます。昔から、海岸などに自生しているにがなは腹痛や下痢、胃腸炎には生の茎をつついた汁を湯で薄めて飲むとか、風邪の初期にフナと煎じるなど薬効のある食材として利用されてきました。今ではよりやわらかく苦味の少ないものが栽培され売られています。

協力＝浦崎米子、喜納静子
著作委員＝田原美和、名嘉裕子、大城まみ

撮影／長野陽一

<材料> 4人分

ンジャナ（にがな）…1/2束（30g）
島豆腐（沖縄豆腐）*…300g
白味噌…大さじ1

*他県の一般的な豆腐よりかたく、塩分を含んでいる。

<つくり方>

1 島豆腐は湯通しをして、ペーパータオルで巻いて30分ほど水けをきる。
2 にがなをせん切りにする。
3 ボウルに水を入れ、2をもみ洗いしながら水を2、3回とり替えてアク抜きをする。
4 3をザルにとり、ペーパータオルで水けをきる。
5 すり鉢に1の島豆腐と白味噌を入れてよく混ぜ合わせ、4を和える。

◎好みでピーナッツバター大さじ1を入れるとコクが出ておいしい。

市販されているンジャナ

撮影／五十嵐公

<材料> 4〜5人分

白菜…1/2個(約1kg)
豚薄切り肉…100g
大和揚げ*…1枚(200g)
だし汁…1/2カップ
醤油…1/4カップ
みりん…大さじ2
酒…小さじ2

*奈良県独特の三角形の厚めの油揚げ。厚揚げでもよい。

<つくり方>

1 白菜は洗って2.5cm幅、豚薄切り肉は3cm幅、大和揚げはひと口大に切る。
2 鍋にだし汁と1を入れ、調味料を加えて蓋をし中火よりやや強めの火加減で煮始め、沸騰後は静かに煮立つ状態に火を弱める。
3 ときどき蓋をとって木じゃくしで軽くかき混ぜ、白菜がやわらかくなったら火を止め、煮えばなを盛りつける。

〈奈良県〉

白菜と豚肉と油揚げの炊いたん

奈良盆地の西南部に位置する葛城《かつらぎ》市では、山がちな地域では河内《かわち》との境から流れる川の水、平地では池の水を利用して農業が営まれています。当時の農業は1年おきの田畑輪換方式で、稲作をしない年の田が畑になり、冬には白菜、大根、にんじんなどがつくられ、日常のおかずによく使われました。

なかでも白菜は冬の夕食に週1回は登場し、その代表がこの料理です。当地の油揚げは大和揚げといい、端の方は薄く真ん中は分厚い三角形です。真ん中は絹ごし豆腐のようにやわらかくなめらかで、白菜と一緒に炊くといい味が出ます。当時は肉を買って日常の料理に使うこと自体一般的ではなく、100gの豚肉でも「今日は奮発した」というくらい、ごちそう感がありました。

つくるときは、母親に「ちょっと鍋を見てや」といわれ、菜ばしで混ぜようとすると「あかんあかん。揚げがくずれんように木じゃくしでそっと混ぜるんやで」と注意され、できあがると「白菜がくたくたにならんうちに、はよついで食べよう」とせかされたそうです。今も家庭でつくられている素朴な料理です。

協力＝木村匡子　著作委員＝志垣瞳、三浦さつき

〈山口県〉

白菜の白和え

県西北部で日本海に面する長門市周辺では、畑で白菜をつくっていた家庭が多く、白和えといえば白菜を使うのが一般的で、精進料理の他に日常のおかずとしてもよく食べていました。県北部の阿東町（現山口市）あたりでも見られますが、地域性があるようです。こんにゃく、椎茸、しそ、ねぎなどを入れるという人もいますが、シンプルなのはゆでた白菜だけの白和えです。

スーパーなどなかった時代は「あるものでつくる」が基本で、白菜の白和えはそのような料理の一つだったと思われます。白菜はゆでても青菜ほどはかさが減らず、大人数の家族のおかずとしては重宝するものでした。和え衣の味つけは味噌と砂糖とすりごまだけで、優しい味わいで風味豊かです。また、白和えは和え衣をすり鉢でつくり、和える具もつくらなければいけないのでやや面倒に感じる人もいますが、具は白菜をゆでるだけなので気楽につくれます。このレシピは衣のつくり方を簡単にし、彩りとしてにんじんを入れました。

協力＝小林小夜子　著作委員＝池田博子

撮影／高木あつ子

＜材料＞ 4人分

豆腐…1/2丁（200g）
白菜…3〜4枚（400g）
にんじん…1/3本（40g）
味噌…大さじ1
砂糖…大さじ1
すりごま（白）…大さじ1

＜つくり方＞

1 豆腐はさっとゆでて万能こし器に移して水けをとり、こす。
2 白菜は根元のかたい方からゆでて1.5㎝幅に切り、水けをしぼる。
3 にんじんはせん切りにして軽くゆで、水けをしぼる。
4 味噌、砂糖、すりごまを混ぜ合わせて和え衣をつくり、最後に野菜を入れて混ぜる。

本書で登場する
地方の葉物

秋から冬は、病気や害虫も出にくく葉ものが育ちやすい季節。
葉物はその土地ごとにさまざまな品種があり、
またそれに合わせた独特の食べ方があります。
ここでは、全国区ではない地域独特の葉物を紹介します。

イラスト＝棚橋亜左子

ンジャナ

地域：沖縄県
キク科
収穫期：12～4月

沖縄ではにがなとも呼ぶが、和名はホソバワダン。他県でいうにがなとは別。葉の縁がなめらかなものと深い切れ込みがあるものがある。呼び名のとおり、味は苦い。

→p58ンジャナスーネー

ちしゃ

地域：山口県
キク科
収穫期：秋～春

結球しないレタスの仲間でほろ苦い。ちぎると白い液が出てくるので「乳草（ちちくさ）」と呼ばれた。葉先が赤茶色になり縮れ、サニーレタスと似ているが別のもの。

→p56ちしゃなます

雪菜

地域：山形県米沢市
アブラナ科
収穫期：12～2月

雪の下でのばした白い茎（花茎）を食べる。生は軟化うどのようなほのかな甘味とほろ苦さがあり、さっと湯通しすると辛みが出る。雪を掘って収穫する。

→p50ひやしる

まんば

地域：香川県
アブラナ科
収穫期：11～4月

カラシナの仲間で高菜の一種。葉や茎はやわらかく、辛みのある葉を食べる。葉は大きく楕円形でしわがある。霜にあたると暗紫色になる。外葉をかいて使う。

→p57まんばのけんちゃん

下北春まな

地域：奈良県下北山村
アブラナ科
収穫期：1～2月

大ぶりの丸い葉は肉厚で切れ込みがなく、濃い緑色。霜が降ると甘味が増す。やわらかく食べごたえがあり、アクがほとんどなく、ほのかな苦味と甘味がある。

→p54下北春まなのおひたし

〈千葉県〉

ねぎフライ

南房総の山間部で、農作業の合間に手早くつくるお昼のおかずでした。畑の長ねぎをこんで（収穫して）きて、家にある干しえびや魚肉ソーセージとともに小麦粉の生地に混ぜ、揚げ焼きにしたものです。塩も入れませんが、魚肉ソーセージの塩味と桜えびとねぎの風味でそのままでもおいしく食べられます。しょうが醤油や、おろし醤油をつけるとご飯のおかずになり、おやつとしてよりおかずとして食べられていました。ご飯、味噌汁、ねぎフライ、おひたしと漬物の、質素なお昼のおかずです。

油と小麦粉生地を使った料理としては、野菜の天ぷらは油もたくさん必要で手間もかかるごちそうですが、ねぎフライはもっと手軽な料理です。大きくつくると火が通るのに時間がかかるので、大急ぎでの昼食では直径5～6cmくらいの小さめのフライをたくさん焼いて大皿に盛りつけて食べました。小ぶりなので子どもたちもパクパクッと食べることができました。

協力＝熱田恵子
著作委員＝梶谷節子、渡邊智子

撮影／高木あつ子

<材料> 4人分

長ねぎ…1本
魚肉ソーセージ…1/2本
干しエビ…大さじ1
小麦粉（薄力粉）…1カップ
水（またはだし汁）…100～120mℓ
卵…1個
油…大さじ2～3

<つくり方>

1 ねぎは小口切り、魚肉ソーセージは輪切りにする。
2 小麦粉に水と溶いた卵を入れ全体をざっくりと混ぜる。
3 2の生地にねぎ、魚肉ソーセージ、干しエビを加えて全体をしっかりと混ぜる。かためよりやわらかめのトロトロする生地が焼きやすい。生地がかたかったら水で調節する。
4 フライパンに油を熱し、生地を直径5～6cmになるように入れ、揚げ焼きのように両面をこんがりと焼く。

撮影／長野陽一

＜材料＞ 4人分

長ねぎ…2本
白味噌…30g
酒…大さじ1
砂糖…大さじ2
だし汁…大さじ2
酢…大さじ1

＜つくり方＞

1 ねぎは鍋に入るくらいの長さに切る。
2 熱湯でやわらかくなるまでゆでて水けをきり、ザルに広げて冷ます。
3 鍋に白味噌、酒、砂糖、だし汁を合わせて火にかけ、かために練る。冷めてから酢を加える。
4 2のねぎを3〜4cm長さに切り、3の酢味噌で和え、器に盛る。

〈埼玉県〉

ねぎぬた

県北部の深谷市周辺はかつて養蚕業がさかんで、桑畑が多い地域でした。しかし昭和初期に養蚕業が停滞し、新たな農作物としてねぎが栽培され、深谷ねぎと呼ばれるようになったのです。ねぎ料理は昔から日常食としてよく食べられており、ねぎぬたは行事や来客時に和え物の一品としてつくられていました。

利根川沿岸にはねぎ畑が一面に広がり、時季になるとねぎぼうずと呼ばれるねぎの花が咲いていました。深谷ねぎは、近年でも全国の収穫量の上位を占め、他の種類のねぎと比べて甘味が強く、白色部はやわらかく、一年中収穫できるのが特徴です。とくに冬は夏よりやわらかく、糖度が増してとろけるような甘さが格別です。熱を加え過ぎると溶けてしまうほどです。

味噌は白味噌だけでなく赤味噌を使うこともあります。さらに酢味噌に辛子を入れたり、ねぎの甘さにより砂糖を減らしたり、豆腐を使う地域もあるようです。

協力＝森田道子、代敬子
著作委員＝成田亮子、徳山裕美

〈岐阜県〉

朴葉味噌

雪深い飛騨地域では、自家製の味噌づくりがさかんでした。寒い日は枯れ朴葉に味噌や漬物をのせて、あるいは前の日の残り物の冷たくなったおかずをのせて、囲炉裏で焼いて食べていました。朴葉味噌の具材は、昔は味噌に飛騨ねぎとかつお節だけ。それだけでも朴葉のあぶった香り、ほどよく煮えた味噌ととろっと甘いねぎの風味でご飯が進むおかずでした。今ではきのこ、漬物、飛騨牛、卵、ゆでいも（じゃがいもや里芋）などさまざまに工夫され、家ごとの定番料理となっています。囲炉裏はなくなりましたが、高山コンロと呼ばれる卓上用七輪やフライパンで手軽につくる家が増えています。

朴葉は季節ごとでさまざまに利用され、初夏の青朴葉はすしやご飯を包み、夏過ぎには朴葉もちにして香りを楽しみ、秋冬の枯れ朴葉はおかずを包んだり漬物の蓋にしたりします。枯れ朴葉拾いはかつて男性の秋の大事な仕事で、厳しい冬の食を支えてくれました。

協力＝幅節子、神出加代子
著作委員＝長屋郁子

＜材料＞ 4人分

- 麹味噌（淡色米味噌）…大さじ3
- 酒…大さじ1
- みりん…大さじ1
- しめじ…15g
- 長ねぎ…1/3本
- 白菜の切り漬け…15g
- 枯れ朴葉…1枚

＜つくり方＞

1 枯れ朴葉を水に10分ほど浸す。
2 しめじはバラバラにほぐし、ねぎは小口切りにする。
3 麹味噌を酒とみりんでよく溶き、半量のねぎと混ぜておく。
4 枯れ朴葉の上に3をのせて平らに広げ、しめじ、切り漬け、残りのねぎをのせる（写真①）。
5 卓上七輪（高山コンロ）に網をのせ（フライパンの場合はアルミホイルを敷く）、その上に4をおき、火をつけてゆっくり焼く。
6 朴葉が破れないように気をつけて混ぜ、味噌がふつふつとして全体的に火が通ったら完成。炊きたてのご飯に添えて食べる。

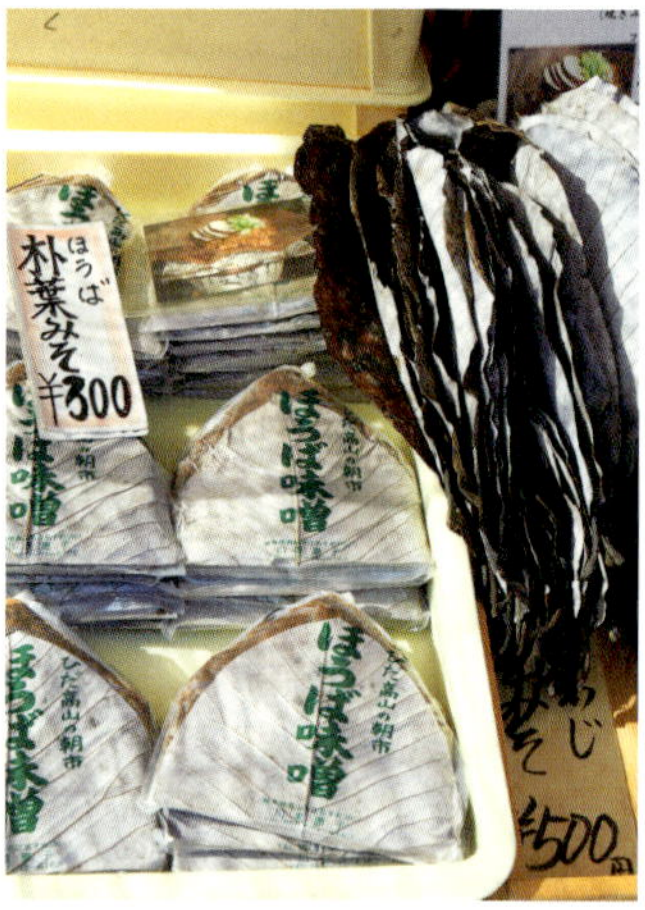

枯れ朴葉と1回分の味噌がセットで袋詰めされて売られている。朴葉だけなら10枚1束で売っていたり、味噌を買った人におまけで1～2枚くれたりする。江戸時代から始まり、今も毎日開かれている高山の宮川朝市にて

撮影／長野陽一

秋冬野菜いろいろ

秋から冬にかけておいしくなる野菜をいろいろと盛りこんだ煮物を集めました。これらは冠婚葬祭や行事に欠かせないものだったり、日常的にたくさんつくって煮返して何日も食べるものだったりします。材料の切り方や盛りつけにも地域ごとの特徴がみられます。

<材料> 4人分

にんじん…1本
ごぼう…1/2本
れんこん…1節
里芋…4個
こんにゃく…1枚
干し椎茸…4枚
早煮昆布…4本
さやいんげん…12本
だし汁（かつお節）…2カップ
椎茸の戻し汁…1カップ
酒…1/4カップ
砂糖…1/2カップ
醤油…1/2カップ

<つくり方>

1 野菜は大きめに切る。にんじんとごぼうは厚めの斜め切り、れんこんは厚めの輪切りにする。里芋は皮をむき下ゆでし、こんにゃくは大きく4つに切り下ゆでする。
2 干し椎茸は水で戻す。昆布も戻して食べやすい大きさに切るか、結び昆布にする。いんげんは塩（分量外）をすりこみゆでる。
3 鍋にだし汁、椎茸の戻し汁と、さやいんげん以外の材料を入れて火にかけ、ひと煮立ちさせる。
4 アクをとり、調味料を加え、弱火でやわらかくなるまで煮る。
5 火を止め、煮汁につけたまま冷ます。煮汁が冷めたら、ゆでたいんげんを浸す。
6 平らな器に1種類ずつ盛りつける。

撮影／五十嵐公

〈静岡県〉

おひら

静岡市などの県中部では、新嘗《にいなめ》祭《さい》（11月23日に五穀豊穣に感謝する祭り）や正月、人の集まるときには、おひらという野菜の煮物を用意します。野菜は形を生かすように大きめに切り、かつおだしと砂糖、醤油でやや甘めの味つけで丁寧に煮て、一人ひとりの器に1種類ずつ、皿にいっぱいになるように盛りつけます。具を1種類ずつ煮る家庭もあります。どの食材も地元の農家が生産し、家庭で日常的に食べられていた野菜ですが、干し椎茸は傘が厚めで身のしまったどんこを使うと、きれいでおいしく、料理の見ばえがよくなります。

おひらは、漆塗りの平椀に盛りつけたことからこう呼ばれています。七段飾りのお雛様の雛道具のお膳にも平椀が入っています。静岡市では江戸時代から雛道具や雛人形がつくられてきました。家庭では平椀は、「お雛様のお膳の中で一番大きな蓋のついた平たいお椀」と親が教えながら、子どもと一緒におひらを盛りつけ、お膳を整えたそうです。

協力＝高塚博代、佐藤万里依、遠藤泰子
著作委員＝高塚千広

〈福島県〉

こづゆ

こづゆは会津地方の代表的な郷土料理で、冠婚葬祭やハレの日の料理には必ず添えられます。山のもの（きくらげ、しいたけ）、里のもの（里芋、にんじんなど）、海のもの（貝柱）を小さめに切りそろえ、貝柱のだしがきいた薄味仕立ての汁煮物です。材料やその数は地域や家庭によって異なります。

西会津町のこづゆは豆腐をかたくゆでた「つと豆腐」が入ります。こづゆ用の小さいつと豆腐は、貝柱のだし汁をたっぷりと吸っておいしいものです。また、他の地域のように大平に盛ってからとり分けるのではなく、最初から手塩皿《てしお》という小さな漆器に盛って配ります。宴席では豪華な料理にはほとんど手をつけずにお土産として持ち帰り家族と共にいただくので、もっぱらこのこづゆで酒を飲み交わしていました。そのため、他に煮肴《にざかな》、重のつゆ、かえつゆとも呼ばれ、こづゆは何回お代わりしてもさしつかえない習わしが今でも残っているのです。

協力＝岩原祐子、物永葉子
著作委員＝柳沼和子

＜材料＞ 4人分

里芋…200g
にんじん…1本（200g）
糸こんにゃく…2玉（360g）
干し貝柱…3個（20g）
きくらげ…10g
つと豆腐*…30g
ちくわ…60g
たけのこ（根曲がり竹）水煮…40g
青菜（いんげん、ほうれんそう、絹さや等）…50g
しょうが…適量
水…3カップ
塩…小さじ1
醤油…小さじ1

*巻きすで巻いてゆでた豆腐。そのままでも食べるが、煮物の具にもする。

こづゆの材料。上左から貝柱、里芋、にんじん、中左から青菜としょうが、つと豆腐、ちくわ、下左から糸こんにゃく、きくらげ、根曲がり竹

＜つくり方＞

1 水に干し貝柱を入れて戻し、身をほぐしておく。戻した汁はだし汁として使用する。きくらげは水に戻しておく。
2 里芋、にんじんは、厚さ約5mmのいちょう切り、糸こんにゃくは4cmくらいに切り、それぞれ下ゆでしておく。
3 つと豆腐とちくわは約5mmの輪切りにする。たけのこも厚さ約5mmの斜め切りにする。戻したきくらげは他の材料の大きさに合わせてちぎっておく。
4 貝柱の入っただし汁を火にかけ、里芋・にんじん・糸こんにゃく・ちくわ・たけのこ・きくらげを入れて煮こみ、塩と醤油で調味する。最後につと豆腐を加える。
5 椀に盛り、ゆでて約2cmの長さに切った青菜とおろししょうがをのせる。

＜つと豆腐のつくり方＞

1 豆腐は約1.5cm角の柱状に切る。
2 1を湿らせた巻きすで巻き、両端を輪ゴムでとめる。
3 沸騰したたっぷりの湯で約20分ゆでる。
4 引き上げたらすぐに冷水にとり、粗熱をとる。
5 巻きすをはずし、食べやすい大きさに切る。

柱状に切った豆腐を巻きすで巻く（写真はこづゆ用の1.5cm角よりも大きくつくっている）

ゆであがりはしまって巻きすの模様がついている

内部にはすが入り、味がよくしみて食感も独特になる

撮影／長野陽一

〈三重県〉

のっぺい汁

名張《なばり》市は県の北西部に位置し、伊賀盆地にあります。伊賀圏域の農業は稲作を主体に裏作の麦を補助とし、自給的な野菜栽培を柱として経営してきました。

のっぺいは、冬になると名張地区のどの家庭でも食べられます。各家庭で味つけは違いますが、だしのきいた薄味でたっぷりの野菜を煮たのっぺいは、冷えた体を温めてくれる、素材の味を生かした素朴な料理です。野菜は家で栽培したものを使います。一度にたくさんつくるので最初は汁が多いのですが、温めなおすうちに、だんだん汁が少なくなって、味がしみてきます。

日常的にはもちろん、冠婚葬祭で客をもてなす際にも必ずつくります。名張市安部田《あべた》地区では10月末に鹿高《かたか》神社の秋祭りが行なわれます。五穀豊穣の祈願と感謝の祭りであり、本当家《ほんとうや》が中心となり、相《あい》当家《どうや》、配人《はいど》が手伝って前年度の本当家との引き継ぎの儀式と食事を行ないます。このときの膳にはいわしずし、さいら（さんま）、ずいきとともに、必ずのっぺいが出されます。

協力＝奥野幸代、森川淳子
著作委員＝磯部由香

撮影／長野陽一

＜材料＞ 4人分

大根…2cm（80g）
にんじん…1/2本（60g）
こんにゃく…1/2枚
椎茸…4枚
油揚げ…1/2枚
ちくわ…1本
小芋（里芋）…8個
だし汁…4カップ
砂糖…小さじ1
塩…小さじ1/2
醤油、みりん…各大さじ1

＜つくり方＞

1 大根とにんじんは皮をむき、乱切りまたはいちょう切りにする。
2 だし汁の入った鍋に大根とにんじんを入れて強火にかける。沸騰したら中火で10分ほど煮る。
3 こんにゃくは乱切りか手で食べやすい大きさにちぎる。椎茸を6等分に切る。油揚げを半分に切って短冊切りにする。ちくわを3等分に切って斜めに切る。里芋は皮をむいて、ひと口大に切り、下ゆでする。
4 大根とにんじんに火が通ったら残りの材料と調味料を加えて、弱火で10分ほど煮る。

山口県の のっぺい

法事などは里芋、れんこんなどの根菜、干し椎茸、こんにゃく、油揚げといった精進でつくるが、祝いごとにはかまぼこや鶏肉を入れる。とろみは水溶きかたくり粉。

福井県の のっぺい

長芋、椎茸、ゆり根、かまぼこ、花麩、かんぴょうなどを、昆布とかつお節のだし汁で煮て、醤油と砂糖で味をつける。とろみは水溶きかたくり粉で出す。

茨城県の ぬっぺ汁

具は、大根、にんじんなどの根菜、干し椎茸、油揚げなど。するめでだしをとるのが特徴。里芋のぬめりでとろみを出す。

高知県の ぐる煮

さいの目に切った大根やにんじん、ごぼう、里芋、こんにゃくなどの根菜と小豆、豆腐、厚揚げ、干し椎茸を煮て砂糖、塩、醤油で味つける。小豆と里芋からとろみが出る。

各地の「のっぺい」

のっぺいは、いも、野菜、乾物などをだし汁で煮て、かたくり粉や、里芋や長芋のぬめりでとろみをつけた料理をさします。p70の三重県ののっぺい汁、p73の鳥取県のこ煮物もその一種。正月や仏事につくられることが多く、素材は精進の場合もあれば、肉や魚、練り物が入る場合もあります。ここであげたのは、秋冬のおかずとして分類されたもので各県の中でも一例です。今後、発行の『汁もの』『正月の料理』『四季の行事食』などにも、各地のいろいろなのっぺいが登場する予定です。

長崎県の ぬっぺ

鶏肉、厚揚げ、こんにゃく、干し椎茸、里芋、にんじん、れんこんなどの根菜、さやいんげん、花麩をかつお節のだし汁で煮て味をつける。とろみは水溶きかたくり粉。

熊本県の のっぺ

鶏肉、大根、にんじん、里芋、干し椎茸、こんにゃくをさいの目に切り、だし汁で煮て醤油とみりんで味つける。厚揚げやちくわ、天ぷら、かまぼこを入れる場合もある。

佐賀県の くずかけ（ぬっぺ）

里芋、大根、ごぼう、にんじん、干し椎茸、焼き麩、鶏肉、厚揚げ、ちくわなどの材料をすべてさいの目に切り、かつお節のだし汁で煮て味つけ。とろみは水溶きかたくり粉。

撮影／五十嵐公（茨城県）、長野陽一（福井県、高知県、長崎県）、高木あつ子（山口県）、戸倉江里（佐賀県、熊本県）
協力／栗山光子（茨城県）、グループマーメイド（福井県）、田中満意（高知県）、松尾浩子（佐賀県）、毎熊美知恵（長崎県）

煮味噌

〈愛知県〉

安城市をはじめ、西尾市、岡崎市、知立市など、西三河地方では、大豆と塩と水だけでつくる特有の赤味噌（豆味噌）がよく使われており、その赤味噌で野菜や肉を煮た煮味噌はこの地方の郷土料理というと迷わず一番に出てきます。昔は農家が多く、家庭では時期に応じてとれる野菜を使いました。赤味噌は煮こんでも香りが飛ばずにむしろコクが出るため、煮物などに重宝され、家庭でも赤味噌がつくられていました。今もこの地方では「八丁味噌」「ぬかた味噌」「桝塚味噌」などよく知られた赤味噌が製造されています。

煮味噌に入れる食材は家庭によって違います。豚肉を使わず野菜のみでつくる家、肉の代わりにはんぺん（さつま揚げ）を使う家。味つけについても同様で、砂糖を使った甘い味、砂糖を使わない味噌味のみの家もあります。肉や野菜が豊富に入っており、さまざまな食材が一度に食べられ、比較的濃い味つけで提供されるため、これ一品で主菜と副菜が兼ねられます。

協力＝黒柳三三子、安城生活改善実行グループ　著作委員＝森山三千江、山本淳子

撮影／五十嵐公

＜材料＞ 4人分

大根…15cm（300g）
にんじん…2本（300g）
里芋…6個（300g）
長ねぎ…2本（200g）
こんにゃく…1枚（150g）
油揚げ…2枚（60g）
豚肉（細切れ）…100g
味噌*…150g
砂糖…大さじ2
だし汁…適量（具材がつかるくらい）
油…小さじ2

*西三河では赤味噌（豆味噌）を使う。

◎家庭によって練り製品も入れる場合がある。野菜はその時期のものを使う。

＜つくり方＞

1 大根、にんじんは1〜2cm長さの拍子木切り、里芋は皮をむいていちょう切りにする。
2 ねぎは白い部分と緑の部分に切り分け、長さ1cmに切る。緑の部分は盛りつけの飾り用にし、残りは具材とする。
3 こんにゃくは2cmほどの拍子木切りにする。
4 油揚げは5mm幅ほどのせん切りにする。
5 鍋に油を熱し、豚肉、野菜をさっと炒め、だし汁、砂糖、味噌を加える。煮立ったらアクをとり、中火で野菜がやわらかく汁けがなくなるまで煮る。
6 盛りつけたらねぎの緑の部分を飾る。

〈鳥取県〉

こ煮物

　鳥取市菖蒲《しょうぶ》地区は水田が広がる平野部の農村地帯で、昔からの風習や行事が残っています。12月初めになると、この地区の寺では天台宗のお大師様を供養する大師講が行なわれます。各檀家から1名が出席し、和尚の読経が終わった後に、ふるまい料理のこ煮物やなます、おにぎりなどをいただきます。こ煮物はたくさんつくってあるので、何度もおかわりして食べるそうです。今は買ってそろえる料理もありますが、昔はすべての料理を地域の人たちで手づくりしていました。

　こ煮物は根菜にさつまいも、里芋、こんにゃく、油揚げなどを炒め煮にした、煮物と汁物の中間のような一品です。やさしい味つけで、寒い日にとろみのついたこ煮物を食べると体が温まります。

　毎年1月20日前後に村の集会として行なわれる念仏講でもこ煮物が出されます。村の人たちは班ごとにつくったこ煮物を持って集まり、寺の本堂で漬物やお茶とともに食べているそうです。

協力＝鳥取市生活研究グループ連絡協議会
著作委員＝松島文子、板倉一枝

撮影／五十嵐公

<材料> 4人分

大根（中）…1/4本（200g）
にんじん…1/4本（50g）
ごぼう（中）…1/4本（50g）
さつまいも（中）…1/5本（50g）
里芋（小）…4個（150g）
こんにゃく…1/2枚
油揚げ（三角揚げ）…1枚
豆腐…1丁（400g）
油…大さじ1＋大さじ1
水…5カップ
醤油…1/4カップ
砂糖…大さじ1強
酒…大さじ2
みりん…大さじ2
塩…小さじ1/2
かたくり粉…大さじ2
水…1/2カップ

<つくり方>

1 大根、にんじんは皮をむき1.5㎝厚さのいちょう切りにする。ごぼうは皮をこそげて2㎝長さに切る。さつまいもと里芋は皮をむいて食べやすい大きさに切る。こんにゃくはひと口大にちぎる。油揚げは野菜と同じくらいの大きさに切る。

2 フライパンに深さ1㎝くらいになるように水（分量外）を入れ、豆腐を粗くくずして入れ、火にかける。白く濁った水が澄んできたら、豆腐がかたくなり、煮えた合図。豆腐をザルにあげて水けをきる。フライパンに油大さじ1を熱し、豆腐を入れる。きれいな焼き色がつくまで炒める。

3 深めの鍋に油大さじ1を入れ、大根とごぼうを炒める。分量の水を入れて、にんじん、さつまいも、里芋、こんにゃくの順に野菜を入れる。

4 野菜がやわらかくなったら調味料を入れ、油揚げと豆腐を加える。

5 味を見て味がなじんできたら、最後に水溶きかたくり粉を入れてとろみをつける。

〈山口県〉

けんちょう

現在でもよくつくられる日常的な郷土料理です。大根と豆腐が基本の材料で、鶏肉、油揚げ、里芋、こんにゃく、にんじん、ごぼう、干し椎茸を入れたりします。味つけもいろいろで、醤油だけで仕上げるものもあれば、塩味が主で醤油は隠し味程度という場合もあります。

冬のみずみずしい大根でつくること、最初に油で「ける」（炒めること。「油でけって炊く」とも言う）ことがおいしさのポイントです。豆腐は、賽《さい》の目のように小さくは切らず、手でくずすか、大きめの角切りにします。また、たくさんつくるのがよく、できたてよりも翌日に煮返して食べる方が味がしみこんで断然おいしいのです。大鍋で炊いて、毎日煮返して3～4日は続けて食べ、最後はくたくたになった「けんちょう」をご飯にかけて食べたという人もいます。周防大島では、大根でなく切り干し大根を入れることもあるようです。県下全域で親しまれ、スーパーの惣菜売り場や学校給食にもよく登場しています。

著作委員＝廣田幸子

撮影／高木あつ子

＜材料＞ 4人分

豆腐…200g
大根…1/3本（400g）
にんじん…1cm（20g）
干し椎茸…1枚
- 油…小さじ1
- 砂糖…小さじ1と1/3
- 醤油…大さじ1と2/3

＜つくり方＞

1 干し椎茸は水で戻す。
2 豆腐はザルにあげ水けをきる。
3 大根とにんじんは薄くいちょう切りにし、戻した椎茸はせん切りにする。
4 鍋に油を熱し、**3**を入れて中火で炒め、調味料を加えて5～6分煮る。
5 大根とにんじんがしんなりしてきたら、豆腐をくずしながら加え、やや弱火で味が十分なじむまで煮こむ。

かんぴょう・ずいき・かぼちゃ

夏にとれるかぼちゃ、ユウガオからつくるかんぴょうは季節を越えて、秋から冬にも利用されます。ふだんは脇役のかんぴょうも産地ではメインの食材になります。里芋の茎であるずいきは、生のものも干したものも使い、酢の物や煮物にして食感を楽しみます。

〈栃木県〉

かんぴょうのごま酢和え

かんぴょうの白とにんじんの赤、きゅうりの緑の彩りが美しい料理で、かんぴょうは、すりごまとごま油が入った風味豊かなごま酢をたっぷりと含んでいます。生産農家では日常的につくられてきた料理です。和え物にするかんぴょうは多少歯ざわりを残して戻すので、煮物の場合の戻し方とは異なり、やわらかくなるまでゆでることはせず、熱湯に浸して戻すことが多いです。

かんぴょうは栃木県産が日本で最も多く、8月に収穫されたユウガオの実をひも状にむいて乾燥します。淡白な味が好まれ、色白で肉厚なものが上等とされますが、乾燥に時間がかかります。近年は外国産の安価なかんぴょうもありますが、外国産では厚めのかんぴょう特有のやわらかさがなかなか出ません。

産地ではかんぴょうは煮物や和え物に、また刻んで卵でとじた澄まし汁の「卵とじ」もよくつくられます。卵とじには製造工程で出る切れ端（「くず」）を集めて入れることもありました。

協力＝大越歌子
著作委員＝名倉秀子、藤田睦

<材料> 4人分

かんぴょう…15g
油揚げ…2枚（30〜40g）
にんじん…1/5本（30g）
きゅうり…1本弱（80g）
塩…少々
ごま酢
- すりごま…大さじ2
- 酢…大さじ2
- 砂糖…大さじ2
- ごま油…小さじ2
- 醤油…小さじ2

<つくり方>

1 かんぴょうは、水になじませながら丁寧に洗う（写真①）。その後、塩大さじ1くらい（分量外）を加えて（写真②）よくもんでいくと、アクが出てくる（写真③）。かんぴょう全体に水分がしみこみ、やわらかくなり透明感が出てきて（写真④）扱いやすくなったら、塩を洗い流す（写真⑤）。水けをきったかんぴょうに熱湯を加えて20分ほどつけおきして、かんぴょうの歯ごたえを残す程度に戻す。

2 戻したかんぴょうは、水けをしぼり3〜4 cmの長さに切る。

3 油揚げは、熱湯をかけて油抜きをし、短辺を半分に切り、1cm弱の幅の短冊切りにする。

4 にんじん、きゅうりは4cm長さで1cm弱の幅の短冊切りにする。軽く塩をふり、もんでおく。水洗いしてしぼる。

5 ごま酢の材料を練り合わせて**2**、**3**、**4**を和える。

撮影／五十嵐公

〈滋賀県〉

かんぴょうと里芋の煮物

湖東地域にある甲賀《こうか》市水口《みなくち》集落は、重粘土層で水持ちがよい場所なので里芋が育ちやすく、米の不作時の補いとして大事な作物でした。同じように大事なのが特産であるユウガオです。ユウガオの果肉をむいて干したかんぴょうは、料理の脇役になることが多いのですが、この地域では主役になり、かんぴょうと里芋の煮物もその一つです。かんぴょうを束にして結んで煮ることで、煮汁を含んで味わいも食感もよくなり、里芋にも負けない存在感が出ます。

かんぴょうはしっかり干して缶に入れておくと4、5年間保存ができるので、水口集落では、畑でユウガオをつくり、かんぴょうにして自家用に保存したり、進物に用いたりしていました。歌川広重の「東海道五十三次」にもかんぴょうを干す水口宿の様子が描かれているほどで、関わりの深さがうかがえます。昔に比べると生産量は減りましたが、今も炎天下に干されたかんぴょうの姿と独特の香りは水口集落の夏の風物詩になっています。

協力＝河合定朗　著作委員＝久保加織

撮影／長野陽一

<材料> 4人分

かんぴょう…45g
里芋…8個（300g）
だし汁（昆布）…650mℓ
かつお節…6g
醤油…大さじ2と1/2
砂糖…大さじ1と1/2
みりん…大さじ1

<つくり方>

1 かんぴょうはさっと洗い、水につけてやわらかくする*。半分を5cm長さに切り、4〜5本ずつをまとめ、切っていないもう半分のかんぴょうでそれぞれ結ぶ。やわらかくなるまで10分ほどゆでる。
2 里芋は皮をむく。六方むき**にすると煮くずれしにくくなる。
3 だし汁にかつお節を入れて煮立て、1を入れる。再度沸騰したら2を加える。
4 里芋に八分通り火が通ったら、調味料を加え、里芋が煮くずれないよう火加減に注意しながら弱火で煮る。

*漂白されたかんぴょうを使う場合は、洗う際に塩でもむ。

**上下を切り落とした後に、側面が6面になるように、上から下に向かって側面の皮をむく。

撮影／五十嵐公

＜材料＞ 1ℓ容器1つ分

- 生ずいき…1kg
- ゆで用の酢…大さじ2
- ゆで用の水…ひたひた〜ずいきがかぶるくらい
- 酢…1/2カップ
- 白ごま…15g
- 砂糖…60g
- 塩…小さじ1
- 醤油…少々

＜つくり方＞

1. ずいきは皮をむき、4㎝ほどに切り、塩水（1％程度・分量外）に20〜30分つけてアクを抜く。
2. 酢を加えたゆで用の水を沸かし、ずいきがしんなりとやわらかくなるまでゆでる。
3. ザルにあげ、水けをきる。ザルの下にボウルを置き、上から酢をふりかける。ボウルにたまった酢を再度かける。ずいきがピンク色に変化する。酢が多いときれいに発色する。
4. ごまをすり鉢でする。
5. ボウルに砂糖、塩、すりごまを混ぜてずいきと和える。仕上げに醤油を加える。

◎すりごまは加えない家庭もある。

〈栃木県〉

ずいきの酢の物

生ずいきはゆでて酢につけることで赤く発色します。鮮やかなピンクと、やわらかいが繊維が残り歯切れのよい独特の食感がおいしい酢の物は、生のずいきが収穫できる霜が降りる前だけの楽しみです。里芋の中でもえぐみの少ない八つ頭はハレの日の煮物に使われ、その葉柄も無駄なく利用されてきました。主に農家が自家用として生ずいきを食べていましたが、最近では直売所や道の駅でも販売されています。

生で食べきれないずいきは、干していもがらとして冬の間の保存食にします。いもがらは戻してさつま揚げなどを加えて炒め煮にします。

昭和30年代頃までは、10月10日に収穫を感謝して、ずいきを芯にした「わらでっぽう」をつくり、子どもたちが地面をたたいて回り、野ねずみやモグラを退治する「十《とお》日夜《かんや》」（地鎮様）が行なわれましたが、最近では見受けられなくなりました。

協力＝藤田スミ
著作委員＝藤田睦、名倉秀子

〈埼玉県〉

いもがらの酢醤油和え

さいたま市は現在では宅地化が進み、畑はあまり見られませんが、かつて家々には自家用の畑があり、その片隅に里芋がつくられていたものでした。10月頃、収穫のときに刈りとられた里芋の茎、ずいきでつくるこの季節ならではの料理です。乾燥させたずいきをいもがらといいますが、このあたりでは生のずいきもこう呼びます。生は皮をむいてアクを抜くので、乾燥しているいもがらより調理にひと手間がかかりますが、しゃっきりした食感は生だからのおいしさです。酢醤油和えのほか、ごま和えなどにもしました。

里芋の中でも八つ頭の赤い茎は、土《ど》垂《た》れなどの緑の茎よりおいしいといわれています。八つ頭は正月の雑煮に欠かせない食材で、秋に掘った里芋は納屋などで保存しました。いもがらもたくさんとれたときには、干して乾燥させて保存しました。水で戻していもがらだけで醤油味の油炒めにしたり、鶏肉を入れたりすることもあったそうです。

協力＝井上トミ、森久マサ
著作委員＝加藤和子、徳山裕美

撮影／長野陽一

＜材料＞ 4人分

いもがら（生）…250g
酢…大さじ2
醤油…小さじ2

＜つくり方＞

1 いもがらは皮をむき、食べやすい長さに切り、30分ほど水に浸してアクを抜く。
2 たっぷりの湯で5分ほどやわらかくなるまでゆでる。ザルにあげ、水けをきって冷ます。
3 酢、醤油をよく混ぜ合わせ、食べる直前にいもがらと和える。

撮影／長野陽一

〈福井県〉
すこ

生の赤ずいきの甘酢漬けです。県下全域で、どの年代でも「すこ」と呼ぶので昔からそう呼ばれていたと思われますが、名称の由来はよくわかっていません。鮮やかな赤色がきれいで法事や秋祭り、親鸞聖人に感謝を捧げる報恩講などのハレ食に使われますが、普段のおかずやお茶うけとしてもよく食べられています。昔から、古血《ふるち》をおろすものとして食べていたともいわれます。

ずいきの下ごしらえの方法はさまざまです。ゆでるのではなく空炒りするのは、繊維をやわらかくするのに加えて、表面の水分を除いて調味料をしみこみやすくする効果もあると思われます。このときの加熱の具合でしなしなになったり、かたすぎたりするので、好みの仕上がりにする加減が難しいところです。

赤ずいきは八つ頭の葉柄です。八つ頭はいもよりもずいきをとるためにつくられ、自家用畑では里芋の脇にすこ用の八つ頭が1列植えてあるのをよく見かけます。

協力＝齊藤博子、梅﨑すみ子、笠島友子
著作委員＝谷洋子、佐藤真実

＜材料＞ つくりやすい分量

赤ずいき…1kg
塩…小さじ3
甘酢
┌ 砂糖…160g
└ 酢…225g

＜つくり方＞

1 ずいきは皮をむき、約3cmに切る。塩をふって、軽くもむ*。
2 甘酢の材料を合わせてよく溶いておく。
3 鍋（鉄製以外**）を熱して、1を空炒りする（写真①）。
4 しんなりしたら2を入れ、赤くなるまで加熱しながら混ぜる（写真②）。
5 ビン等に入れて保存する。冷蔵庫で半月くらい、冷凍庫で半年以上の長期保存も可能。

*ずいきは塩もみせずザッと洗うだけという人もいる。

**鉄の鍋を使うとアク（タンニン）が反応して色が悪くなる。

〈岐阜県〉
芋《いも》茎《くき》の煮物

芋茎とはずいきのことです。赤だつともいいます。岐阜県では里芋は「じいも（地芋）」と呼ぶ身近な食材で、いもはもちろん茎も食べ、山県《やまがた》市神崎では葉も干して菜飯にするなど、丸ごと利用します。

芋茎は秋、10月頃になると収穫されます。この煮物は生の芋茎ならではの鮮やかな赤色が出るように甘酢で煮て、日常的に副菜として食卓にのぼる田舎料理です。芋茎は皮をむく手間はありますが、アク抜きしてからは、さっと炒り煮するだけです。アク抜きの方法は地域によって異なり、生のものを塩もみしたり、下ゆでしたりします。

昔から芋茎は「古い血を洗う」「血のめぐりがよくなる」「母乳がよく出るようになる」などといわれ、産後の女性に食べさせると肥立《ひだ》ちがよいとされてきました。芋茎だけで煮るのではなく、スルメと一緒に煮る地域もあります。とくに山間部などの雪深い地域では乾物にして保存し、冬の間の煮物に大切に使っていました。

協力＝高橋恵子、寺町たかゑ、後藤きみ子
著作委員＝横山真智子

撮影／長野陽一

＜材料＞ 4人分

芋茎（ずいき、赤だつ）*…300g（皮をむいたもの）
塩…小さじ1強
酢…50g
砂糖…50g

*使用する芋茎は、とりたてではなく、収穫後1日ほど日陰においたものを使用する。とったばかりの芋茎はやわらかく、きれいに皮をむくのは難しい。また、塩もみで力を入れるとボロボロになってしまう。

＜つくり方＞

1 芋茎は1.5cm角の太さで5cmの長さに切る。
2 きゅうりの塩もみの要領で、全体に塩をふり力を入れてギュッギュッともむ。はじめは茶色いアクが出るが、しばらく続けるとアクの色が紫色（茶色と濃いピンクが混じった感じ）に変わってくる。かたくしぼって水けをきる。水で洗ったりはしない。
3 鍋に入れ、弱火で全体を混ぜながら1〜2分空炒りをする。調味料を入れてから長く煮ると歯ごたえがなくなってしまうので、ここで火を通しておく。
4 酢と砂糖を加え、砂糖が溶けるまで2〜3分煮る。芋茎から水が出て、薄いピンクに色づく。

◎シャキシャキした歯ごたえを好むなら、薄いピンク色（写真の色の手前）で火を止める。「くたくた」（やわらかくとろんとした状態）を好むなら、写真くらいの色まで煮る。

◎粗熱をとり、冷蔵庫に入れて2〜3時間冷やすと色がより鮮やかになる。

撮影／五十嵐公

＜材料＞ 4人分

乾燥だつ（干しずいき）…8本（長さ20cmのもの）
里芋…小8個
スルメイカ…1/2杯
だし汁（かつお節）…4カップ
醤油…大さじ2
酒…大さじ2
みりん…大さじ2
砂糖…小さじ2

＜つくり方＞

1 乾燥だつは水で洗い、塩小さじ1/2（分量外）をふってよくもむ。たっぷりのぬるま湯で20分ほど戻し、しっかりともみ洗いをして水けをしぼる。
2 1を、1本ずつ小さくまとまるように結び（写真は止め結び）、4カップ程度（分量外）の水を加えて火にかける。煮立ってから5分ほどゆで、冷水にとって水けをしぼりアクを抜く。
3 里芋は皮をむき、塩小さじ1（分量外）でもみ洗いをしてから水で洗う。かぶるくらいの水（分量外）を加え、10〜15分、いもがやわらかくなるまでゆで、ザルにあげる。
4 イカは内臓をツボ抜きし、足先を切りそろえ2本ずつに切り分ける。胴部は1cm幅の輪切りにする。
5 だし汁に調味料と、2と3を入れ、落とし蓋をして煮汁が半分になるまで中火で煮る。強火にして4のイカを加え、蓋をしないでさらに煮汁が半分になるまで煮て味を含ませる。

だつの煮物

〈愛知県〉

だつは、里芋の茎（葉柄）のことです。県西部にある稲沢市は、里芋の葉柄の下部を日光を当てずに軟白栽培する「白だつ」の生産地ですが、地元で食べるのは高級な白だつではなく、いもをとった後の普通の里芋の茎です。里芋は自家製の赤味噌をつけた田楽や煮つけ、味噌汁などにして食べ、残った茎もえぐみはありますが捨てずに利用しました。

夏の盆前には、まだ若い生のだつを食べます。皮をむき、塩をふってしなしなになるまでよくもんでから酢水でゆがき、アク抜きをして三杯酢で食べたりしました。秋には生のまま茎の皮をむき、軒下に吊るしたり、新聞紙やザルの上に広げたりして天日でカラカラになるまで干し、煮物や酢の物の材料にしたり、かんぴょうの代わりにしたりしました。いかが手に入ったときは里芋と一緒に煮るとおいしかったそうです。さつまいも、いもだけでなく、いもづるをきんぴら（油炒め）などにして食べました。

協力＝家田志保子、櫛田実代子、内藤秀子
著作委員＝石井貴子、加藤治美

〈山梨県〉
おしくじり

かぼちゃの煮物に水溶き小麦粉を加えてとろみをつけ、かたくて水っぽいかぼちゃをおいしくする工夫がこらされた料理です。別の料理をつくろうとして失敗した(しくじり)が、意外とおいしく食べれたことから、「おしくじり」という名前がつけられました。「しくじってても誰でもつくれる」という意味だと思われます。

小麦粉を入れることでかぼちゃを増量し、主食兼主菜にもなり、多忙な農家の料理として重宝されました。県西部の南アルプス市の中でも、おしくじりをつくっていた旧櫛形《くしがた》町や旧白根《しらね》町、また南巨摩《みなみこま》郡の旧増穂《ますほ》町は水利が悪く、稲作には適さない地域でした。そこで米の節約料理としても伝えられ、間食としても利用されたのです。

昔のかぼちゃは日本かぼちゃで、水っぽく皮がかたかったのですが、今の西洋かぼちゃはおいしいので、この料理をわざわざつくる人は少なくなりました。普段はだし汁ではなく水を使い、ちくわを半月状に切って入れることもありました。

協力=名取直子、沢登京子
著作委員=柘植光代

撮影/高木あつ子

<材料> つくりやすい分量

かぼちゃ…1/3個(400g)
だし汁(煮干し)…2と1/2カップ
砂糖…大さじ3
塩…小さじ1
小麦粉…70g
水…1/4カップ

<つくり方>

1 かぼちゃは皮をところどころむく。3cm角くらいに切る。皮を残すと緑色が映える。
2 かぼちゃを鍋に入れ、だし汁、砂糖、塩を加えてやわらかくなるまで煮る。
3 小麦粉を水で溶いて2の鍋に入れて、ときどきかき混ぜながら、ぼってりとトロミがつき、かき混ぜるのが大変になるくらいまで、火を通す。よくかき混ぜないと、小麦粉が固まる。汁けを多くすると焦げない。

水溶き小麦粉でつくる「なすのげんでんぼ」

厚めの輪切りのなすやかちり(かたいしらす干し)を油で炒め、砂糖少々と醤油で味つけする。水やだし汁で溶いた小麦粉を流し入れ、火が通り、ぼたっとした感じになったらできあがり。そのまま食べたり、ご飯にかけて食べたりする。南巨摩郡と西八代郡で、ご飯が足りないときやなすが余ったときなどにつくった。

撮影／高木あつ子

＜材料＞ つくりやすい分量

かぼちゃ…1/2個（500g）
砂糖…なし〜大さじ1
塩…ひとつまみ〜小さじ1/2弱
油…大さじ1/2〜1
小麦粉…30〜100g（なめらかさや水分で調整）

＜つくり方＞

1 かぼちゃの皮をむいてひと口大に切り、ひたひたより少ない水（分量外）で、しゃもじでつぶせるくらいまで中火で煮る。水を入れすぎると水っぽくなりおいしくない。
2 砂糖、塩、油を加えてひと煮立ちさせ、ペースト状になるようにしゃもじでかぼちゃをつぶしながら混ぜる。
3 ダマにならないように小麦粉をザルでふるいながら少しずつふり入れて、手早く鍋底からかき混ぜる。ぷるんとなめらかな食感になるよう、加える小麦粉の量を加減する。

◎残ったら茶巾しぼりやおやきの具、粉を足して薄焼き、スープなどに使える。

かぼちゃねり。かぼちゃ500gを煮てつぶし、砂糖大さじ3を加え、火にかけて混ぜながら小麦粉100gを少しずつ入れ、丸めてきな粉をまぶす

〈長野県〉

かみなり

かぼちゃは冬至に食べると中風にならないともいわれ、栄養価の高い野菜として各地で大事にされてきました。青木村で教えてもらったかみなりは色も美しくどんなかぼちゃでもおいしくできる手軽な料理で、かぼちゃのある6月末から正月頃までご飯代わりにしたり、おかずやおやつにつくられていました。なめらかな食感、自然なかぼちゃの甘味、コクもあります。ユニークな名前の由来は不明ですが、野菜やきのこ汁に水溶き小麦粉を流してとろみをつけた汁を「かみなり」と呼ぶ地方もあります。

かぼちゃは主食代わりにもおやつにもなるので、昔はどこの家でも土手にはわせてつくっていました。冬は凍みないようこたつ布団をかけたり暖かいところにおいて保存し、味が落ちてくるとほうとうやかみなりにしておいしく食べる工夫をしたそうです。

長野市鬼無里《きなさ》では同じような生地をだんごにした「かぼちゃねり」、木曽の王滝村ではそば粉か米粉でつくる「かいもち」が親しまれています。

協力＝召田富子　著作委員＝中澤弥子

〈長野県〉

かぼちゃ干しのえごま和え

長野市鬼無里《きなさ》は県最北西部に位置し、最高地は2044m、最低地は649mと標高差のある中山間地域です。鬼無里で今もつくられるかぼちゃ干しは豊富にとれるかぼちゃの保存方法として考え出されたと思われます。干すことで甘味とうま味が濃縮されて保存でき、野菜の端境期のビタミン源として重要でした。えごまは独特の風味が好まれ、味つけしていろいろな料理に用いられ、和え物でも利用されてきました。かつては県内各地で食べられており、「荏《え》」「えくさ」「いくさ」「油荏《あぶらえ》」などと呼ばれています。かぼちゃ干しのえごま和えは、この二つを組み合わせた素朴なおいしさの料理です。

かぼちゃ干しをつくる際、以前はかぼちゃを生のまま干していましたが、色よくやわらかく戻ってよりおいしく食べられるよう、今では干して蒸して、再度干すことが多くなりました。かためにに戻して炒め煮や天ぷらにしてもおいしく、戻さずそのままおやつに食べることもあります。

協力＝小林貞美、有澤玲子
著作委員＝中澤弥子

撮影／高木あつ子

＜材料＞ つくりやすい分量

かぼちゃ干し…50g
えごま…大さじ2（10g）
砂糖…小さじ2
塩…少々（1g）

＜つくり方＞

1 かぼちゃ干しは水かぬるま湯につけて好みのかたさになるまで戻し、ザルにあげてそのまま冷ます。
2 えごまは厚手のフライパンで弱火で少量ずつはぜない程度に軽く炒る。ほんのり色が変わり、香ばしい香りがするのが目安。炒りすぎると苦くなるので注意する。
3 2をすり鉢に入れ、半分くらいすったらふっと吹いて薄皮を除く。
4 さらによくすり、ぬるま湯（大さじ1程度・分量外）でとろっとするまでゆるめ、砂糖と塩で調味する。
5 4の衣で1のかぼちゃ干しを和える。

◎えごまの和え物は醤油だと色が悪くなるので、塩を使う。

かぼちゃ干し。皮をむいて3～5㎜厚さに切ったかぼちゃを、トタン板などの上で半日～2日ほど天日で干す。重ならないように蒸した後、再び天日で完全に乾燥させて完成

本書で登場する
干し野菜などの乾物

新鮮な野菜が手に入りにくい季節は
干し野菜など、保存できる乾物を使って
さまざまな料理をつくりました。
ここでは、その乾物の一部を紹介します。

写真＝五十嵐公

干し大根

大根をさまざまな形に切って乾燥させる。蒸して干す、凍らせて干すものもある。乾燥中にでんぷんが糖に変わり、甘さが増す。

→p16桜島大根と地鶏の煮しめ、28凍み大根の煮しめ、29金時豆とたこの足の煮物、30干し大根の煮しめ、31かんぴょうの煮しめ、32切り干し大根の煮物、33野菜の煮しめ、34煮しめ、35あいまぜ

干しずいき

八つ頭などの里芋の葉柄を、皮をむいて乾燥させる。地域によっていもがら、からどり、だつ、わりなともいう。水や湯に浸し、さらにゆでて戻すこともある。

→p83だつの煮物

かんぴょう

ユウガオの未熟な実をむいてひも状にし、乾燥させる。色が白いのは硫黄燻蒸したもので、塩もみしてから水で戻す。無漂白はそのまま水で戻す。

→p19ゆず巻き、76かんぴょうのごま酢和え、78かんぴょうと里芋の煮物、94かんぴょうのくるみ和え

早《はや》煮《に》昆布

野菜昆布、棹前（さおまえ）昆布ともいう。繊維質が少なくやわらかく煮えるのが早いのでこう呼ばれる。長昆布や厚葉昆布、日高昆布、真昆布などの成長途中のもの。

→p16桜島大根と地鶏の煮しめ、34煮しめ、46しょうがの佃煮、67おひら

打ち豆

北陸や東北で使われる大豆の加工品。ぬるま湯につけてから木づちなどで打ってつぶし、乾燥させる。戻す必要はなく、直接煮物などに入れる。

→p110煮菜

干しぜんまい

春に採取したぜんまいをゆでて、生乾きのうちに手でもみ、天日で乾燥させる。一晩水につけ、水を替えて沸騰直前まで加熱し、そのまま冷まして戻す。戻し方は地域でも異なる。

→p35あいまぜ、96ぜんまいのくるみ和え

凍みこんにゃく

わらを敷いた田畑に薄く切ったこんにゃくを広げ、水をかけると夜の寒さで凍り、昼間になると溶ける。その繰り返しで乾燥してスポンジ状になる。生産地は茨城県。水や湯で戻す。

→p50ひやしる

菊・きのこ・種実

色鮮やかでほろ苦い食用菊に、香りや食感を楽しむきのこ。ていねいにすってコクを出すくるみやごまの料理、どんぐりを挽いて粉にしてつくる料理は手間ひまかけたごちそうです。とんぶり、あけび、なつめも地域限定の秋の味です。

〈山形県〉

もってのほかのくるみ和え

10月に入り秋も深まると、県内の民家の庭先や畑には紫色に近いピンク色の菊の花が咲き乱れます。これが「もってのほか」「もって菊」の名前で親しまれる食用菊で、色の美しさとしゃきしゃきとした食感、香りと甘さ、ほろ苦さから食用菊の王様と呼ばれています。

名前の由来は「天皇の御紋である菊の花を食べるとはもってのほか」や「もってのほか（思っていたよりもずっと）おいしい」といわれますが、品種名は延命楽《えんめいらく》。新潟県の「かきのもと」や「おもいのほか」も同じ品種です。菊は花もちのよさから不老長寿の力があるとされてきました。

菊の風味には、コクのあるくるみが合います。庄内鶴岡では市内を流れる赤川の堤防沿いにくるみの木が群生し、そのくるみを使った料理がつくられます。もってのほかは砂糖醤油をかけたおひたしもおいしいですが、ひと手間かけてくるみをすって和えるとより味わい深い一品となります。

協力＝斎藤恵子、五十嵐あさ子
著作委員＝佐藤恵美子

撮影／長野陽一

＜材料＞ 4人分

もってのほか（食用菊）…100g
鬼ぐるみ…20g
砂糖…大さじ1
塩…小さじ1/2
醤油…小さじ1
酒…大さじ1
酢…大さじ1

＜つくり方＞

1 菊の花は花弁を手で引き抜き軸から外す。中心部の短い花弁は苦味が強いので残す。さっと水洗いし、水をきる。
2 たっぷりの湯を沸かし、酢を少々（水2ℓに酢大さじ1・分量外）入れ、菊を30秒くらいさっとゆでる。菊は浮くので菜箸で押さえながらゆでる。火を止め蓋をして20秒ほど蒸らしてもよい。
3 ザルにとり、すぐに流水をかけて冷やす。30秒ほど水にさらして苦味をとり、水けをきって軽くしぼる。
4 くるみをすり鉢でよくすり、すべての調味料を加え、なめらかになるまでよくする。
5 3をほぐしながら4に入れて和え、器にこんもりと盛りつける。

◎菊の花の色は加熱により色が抜けやすいが、酢を入れ酸性にすると花のアントシアニン色素（紫色）が鮮やかな赤紫色になる。

◎色よくゆでたあと、軽くしぼってラップに包んで冷凍すると約1年は色が変わらない。小分けにすると使いやすい。自然解凍か、ぬるま湯に10分ほどつけて戻す。

山形県は食用菊の生産量が全国1位。県内で好まれているもってのほかは花弁が筒状なので、ゆでても花びらが切れず歯ざわりがよい

〈新潟県〉

かきのもとの甘酢和え

鮮やかな紫色で、少量添えるだけで食卓を華やかにする料理です。甘酢和えで保存性もあり常備菜として重宝します。

紫の菊は新潟市では「かきのもと」といいます。由来は「生垣の根元に植えたから」「柿の木の根元に植えたから」など諸説ありますが、現在は「柿の実が色づく頃に赤くなるから」が一般的です。旬は10月ですが、今では8月から12月中旬まで出回っています。農家の庭先や畑の片隅で栽培されていたのが、昭和45年頃から水田の転作で栽培されるようになり、花が大きく色も鮮やかになるよう改良されました。新潟市白根地区がかきのもとの8割を生産しています。

比較的安価に入手でき、定番の家庭料理です。花びらをとるのは親子の楽しい会話の時間になりました。だし割り醤油や砂糖醤油で食べてもおいしく、すぐ食べない菊は塩漬けして保存します。秋が深まりいくらの醤油漬けを食べる頃に、塩漬け菊で甘酢漬けをつくり一緒に食べました。

協力＝渡邊麻早、渡邊寛吾、小宅聡子
著作委員＝渡邊智子

撮影／高木あつ子

＜材料＞ 4人分

かきのもと（食用菊）…200g
甘酢
- 米酢…1カップ
- 砂糖…3/5カップ（70g）
- 塩…小さじ1/3

＜つくり方＞

1 かきのもとの花から花びらをとる。
2 花びらをさっと洗い、約1ℓ（花びらの重量の約5倍）の湯に酢大さじ1と塩小さじ1（分量外）を加え、花びら全体が色鮮やかになるようにゆでる。
3 ザルにとり、冷水で冷やして水けをきる。
4 甘酢の材料を合わせ、弱火で加熱して砂糖を溶かす。
5 3の菊を軽くしぼり4で和える。

◎たっぷりの甘酢につけておけば、冷蔵庫で約2週間保存可能。すぐ食べるなら甘酢の量は好みでよい。

撮影／高木あつ子

<材料> 4人分

塩漬け香茸*…100g
だし汁（昆布5cm角1枚）…1/2カップ
砂糖…大さじ1
みりん…大さじ1
酒…大さじ1
醤油…大さじ1
塩…少々
油…小さじ1

*生の香茸に塩をふりかけて一晩おき、重量の2〜3割の塩で本漬けして保存したもの。

<つくり方>

1 塩漬け香茸は、30分おきに水を5回程度替えながら、2〜3時間水につけて塩出しをする。
2 塩が抜けたら、水けをきる。
3 鍋に油を熱して**2**を炒め、だし汁、砂糖、みりん、酒を加えてひと煮立ちさせる。
4 醤油と塩を加え、煮汁がなくなるまで煮る。

〈島根県〉

香《こう》茸《たけ》の煮しめ

香茸の名のとおり特有の香りがあるきのこで、かさの裏に密生する針状の突起が獣の毛皮に似ていることからカワタケとも呼ばれ、なまってコウタケとなったという説もあります。とくに東部地域の山間部の行事食に欠かせない食材ですが、昔から生で食べると中毒症状が出るといわれ、塩漬けや乾燥させて用いてきました。

正月やお盆には塩漬けの香茸を塩抜きしてから煮て、香茸ずし（ちらしずし）や炊きこみご飯をよくつくりました。祭りには煮しめをつくり、干した香茸を戻して他の野菜と一緒にかき揚げにすることもあります。香茸は松茸よりおいしいという人もいるほどで、食べ慣れた人には年を重ねるにつれ、忘れられない味になっています。

香茸は黒色の印象ですが、生の香茸は淡い紅褐色で、塩漬けや乾燥すると黒色になります。よくとれる東部地域の山間部でも特定の場所にしか生えず、とても貴重なので、家族にも香茸のとれる場所を教えるなといわれるほどです。

協力＝宮本美保子、高麗優子、幡垣八千代、中島春美　著作委員＝石田千津恵、藤江未沙

〈青森県〉

さもだしの塩辛

青森ではナラタケのことを「さもだし」「かっくい」などと呼びます。特有の味と香りが好まれており、加熱をするとつるりとした喉ごしになります。南部地方や津軽地方では、秋になると近くの山に行ってとったり、家族や知人からもらったりします。そうすると必ずつくるのがさもだしの塩辛です。

「塩辛」と呼ばれるのは、昆布の粉末、塩辛昆布を使うから、塩辛く味つけするからなど諸説あります。一緒に入れる清水森《しみずもり》ナンバは津軽地方で古くから栽培されている唐辛子で、赤くなる前の青いものを使います。材料を混ぜ合わせてすぐはナンバのほろ苦さがありますが、少しおいてから食べると、さもだし特有の味と香りに昆布のうま味やナンバのやさしい辛さがなじんでおいしいのです。つるつる、しゃきしゃきとした食感もよく、ご飯にのせて食べると箸が進みます。ご飯のおかずとしてだけでなく冷奴にかけて食べたり、酒の肴にもします。

協力＝中田桂子
著作委員＝今井美和子

<材料> つくりやすい分量

さもだし*…150g（水煮や塩漬けの場合は130g）
黄菊（食用菊）…50g（干し菊の場合は6g）
清水森ナンバ**…1～2本（20～30g）
┌塩辛昆布***…15g
└だし汁（昆布と煮干）…大さじ2
醤油…大さじ1
酒…大さじ1/2
だし汁…1/2カップ
一味唐辛子…適量

*「ナラタケ」の地方名。とくに津軽地方などでこう呼ぶ。

**弘前市の清水森地区を中心に昔から栽培されている唐辛子。普通の唐辛子より辛味が少ない。普通の青唐辛子を使うときは1/4～1/3分量にするとよい。

***ねばりの強い昆布をみじん切りにしたもの。塩は入っていない。

さもだしの塩辛の材料。右上から時計回りに干し菊、さもだし、清水森ナンバ、塩辛昆布

<つくり方>

1 塩辛昆布はだし汁に10分ほどつけて戻し、よく混ぜてねばりを出す。
2 さもだしは洗ってごみをとり、ゆでる。透きとおってしんなりしてきたら火を止め、水でごみを洗い流す。虫などがたくさんついている場合は塩水に2時間程度つけておくとよい。
3 水けをきって形が残る程度に粗く刻む。水煮のものはさっと洗ってから、塩漬けは水につけて塩抜きしてから水きりし、刻む。
4 菊は花びらだけを摘み、酢大さじ1（分量外）を入れた3カップほどの熱湯でゆでる。水にとり、冷たくなったらよくしぼる。干し菊の場合も同様にゆでてからしぼる。
5 清水森ナンバはさっと塩ゆでしてから種をとらずに細かく刻み、よくしぼって水けをきる（アク抜きになる）。
6 さもだし、清水森ナンバと菊をボウルに入れる。よく混ぜた塩辛昆布と調味料、だし汁、一味唐辛子を加えてよく混ぜる。つくった翌日～3日目から食べられる。冷蔵庫で1週間ほど保存可能。

撮影／五十嵐公

〈岩手県〉

かんぴょうのくるみ和え

すり鉢ですったくるみだれで、もちや山菜、きのこなどを和えるくるみ和えは、県内に多数あるくるみ料理の代表といえます。くるみを割ってする労力や手間がかかることと、その味がとてもおいしいことから、昔からごちそうとされてきました。

和える材料は、そのときに手に入るものです。県東北部、北上山系にある葛巻《くずまき》町ではかんぴょうをよく使いました。昔は自家製のものをたくさん保存していたからです。他にも、手づくりの豆腐をゆでてほぐして和え、「豆腐のくるみ和え」をつくりました。くるみだれは、もちにからめるときは砂糖を多めにして甘くし、おかずとして食べるときはごく少量を醤油の味が丸くなる程度に加え、くるみの味を引き立てました。

料理に使うくるみは、縄文時代からこの地に自生している鬼ぐるみです。鬼ぐるみのおいしさから、岩手県ではくるみ料理に限らず、コクがあっておいしい味のことを「くるみ味がする」といいます。

協力＝髙家章子　著作委員＝魚住惠、松本絵美

撮影／奥山淳志

＜材料＞ 4人分

- かんぴょう…20g
- 塩…小さじ1/2
- にんじん*…30g
- だし汁（煮干し。かつお節でもよい）…1.5カップ
- 醤油…小さじ2
- みりん…小さじ1弱
- 砂糖…小さじ1/3（隠し味程度）
- くるみだれ
  - 鬼ぐるみ…45g
  - 醤油…大さじ1/2
  - 砂糖…小さじ1
  - 水…大さじ1

*にんじんに限らずそのときにあるものを彩りとして使う。

鬼ぐるみは殻つきのまま保存し、料理をつくるときに殻を割って、千枚通しなどでとり出して使う

＜つくり方＞

1 さっと洗ったかんぴょうに塩をまぶし、手でよくもんでから洗い流し、水けをきる。

2 鍋に500mℓ程度（分量外）の湯を沸かし、かんぴょうが半透明になり、歯ごたえが残る程度まで中火で15〜20分ゆでる。ザルにあげ3〜4cmの長さに切る。

3 にんじんは長さ3cmほどの細切りにする。

4 だし汁にかんぴょうとにんじんを入れ、調味料を加えて10分ほど煮て、薄い下味をつけて冷ます。

5 くるみをすり鉢でなめらかになるまですりつぶし、醤油と砂糖で味つけしてから少量の水でかためにに溶く。すり鉢がなければフードプロセッサーを使ってもよい。

6 和えたときにゆるくならないようザルにあげて4の煮汁をよくきり、5のくるみだれで和える。

白和え

〈宮城県〉

　舟形山系に位置する色麻町《しかまちょう》では、豆腐の白和えに鬼ぐるみを入れます。具は、にんじんと糸こんにゃくが定番。弾力のある糸こんにゃくと歯ごたえのあるにんじんに、ぽったりとコクのある和え衣がよく合います。甘めの味つけで、子どもからお年寄りまで好きな料理です。油が浮いてくるまでくるみをするのは手間がかかりますが、人寄せやお彼岸だけでなく、普段の食事にもよく出ました。上手につくるコツは、こんにゃくをよく炒って水けを飛ばしておくこと。にんじんも蒸すことで水っぽくならずおいしく仕上がります。

　昔からこのあたりでは、家の周りの「いぐね」とよばれる防風・防雪林に鬼ぐるみの木を植えており、秋になると落ちた実を拾いました。殻つきのままおいておくと保存がきくので、必要なときに殻を割って使います。白和え以外にも、だんごやもちのたれにしたり、しそ巻きの具にしたり、もちや小麦粉のお菓子の「がんづき」に入れたりとさまざまに利用していました。

協力＝早坂とくよ、早坂洋子
著作委員＝宮下ひろみ

撮影／高木あつ子

＜材料＞ 5〜10人分

豆腐…1/2丁　(200g)
にんじん…1/3本（100g）
糸こんにゃく…200g
鬼ぐるみ…120g
砂糖…15〜30g
塩…小さじ1/5〜2/5（1〜2g）

＜つくり方＞

1 豆腐はペーパータオルに包み、まな板をのせてもとの8割程度の重さになるまでしっかり水をきる。
2 にんじんは細めの短冊に切り、蒸して冷ます。
3 糸こんにゃくは5〜6cm長さに切り、鍋でチリチリ音がするまで空炒りし、水けを飛ばし、冷ます。
4 くるみをフードプロセッサーにかける。1を加えてなめらかになるまで再度フードプロセッサーにかけ、砂糖と塩を入れてフードプロセッサーで混ぜる*。
5 4をボウルにあけてにんじん、糸こんにゃくを加えて和える。

*すり鉢でくるみをすってから豆腐を加え、なめらかになるまで混ぜてもよい。

〈滋賀県〉

ぜんまいのくるみ和え

伊吹《いぶき》山の裾野に位置する米原《まいばら》市大久保集落で、山村の人呼びのごちそうとしてつくられてきた料理です。ぜんまいは、薄く味をつけただけで、素材そのものの味や香りがよくわかります。真っ白になるまですったくるみの衣はまるでバターのようで、ぜんまいによくからんで、コクのある上品な味わいになります。

くるみは、10月頃に落下した実を拾い集めて果肉を腐らせてから洗い、一年中使えるように保存しておきます。ぜんまいも春に収穫したものを手でもみながら乾燥させて保存しています。大久保集落では、わらびやぜんまい、山椒、ふき、山あざみ、みょうがなどが山菜としてさまざまに利用されており、ぜんまいのくるみ和えもそのひとつです。法事や葬式、祭りや報恩講になると乾燥ぜんまいをゆで戻し、くるみの殻を割って中の仁を釘でほじくり出してつくります。材料は少なく、いつでもつくれる料理ですが、子どもも大人も喜ぶ手間入りの一品です。

協力＝前澤静尾、柏綾子、堀昭枝
著作委員＝堀越昌子

<材料> 4人分

乾燥ぜんまい*…25g
- 醤油、砂糖、酒…各大さじ1
- だし汁（昆布とかつお節）…1/2カップ

鬼ぐるみ…80g
- 番茶**…大さじ2
- だし汁…大さじ1

*生のぜんまいの綿毛をとり、重曹を入れた湯の中で3分ほどゆでる。ザルにあげ、2時間ほどおいてから生乾きの状態で5回に分けて手でもむ。翌日も3回ほどもみ、その後よく干して保存しておく。

**200mℓのお湯に番茶の茶葉を5g入れ、30秒ほどおいたもの。

<つくり方>

1 乾燥ぜんまいは沸騰した湯に入れ、2分ほど沸騰させる。火を止めて一晩おく。

2 ぜんまいを3cmくらいの長さに切る。だし汁と調味料を加えて弱火で3分ほど煮てから火を止めて2分おき、ザルにあげて汁をきる。

3 くるみは布巾に包んで金づちで粗く砕き（写真①②）、すり鉢に移してさらによくする。番茶を少しずつ加えてする（写真③）。番茶を入れると味がまろやかになり、とろりとなる。粒がなくなったら、だし汁も加えてクリーム状になるまでする（写真④）。

4 2を3に入れて和える。塩少々（分量外）を加えて味を調える。

①

②

③

④

撮影／長野陽一

〈福島県〉

会津みしらず柿のくるみ和え

会津を代表する渋柿「みしらず柿」をくるみだれで和えた料理です。焼酎などで渋抜きしたみしらず柿は甘味が強くとろりとした舌触り。コクのあるくるみだれがよく合います。昔は箸休めとして普段の食事に出ましたが、今は手間がかかるため、特別な日に食べることが多いようです。

江戸時代に書かれた『会津農書《あいづのうしょ》』には、飢饉に備えて屋敷の周りに柿、栗、くるみ、うこぎの木を植えることが推奨されています。秋になると庭にあるくるみの実を拾い、砂糖や塩で味つけしたくるみだれで柿やもちを和えたり、田楽に塗って焼いたり、さまざまに利用してきました。みしらず柿の名前の由来は、木自体が折れそうになるくらい身のほど知らずに実をたわわにつけるから、藩主が将軍へ柿を献上した際「いまだこのような美味の柿を知らず」と賞賛されたことからなど諸説あります。昔は砂糖が貴重だったので、むいた柿の皮は干して粉にひき、砂糖の代わりに使うこともありました。

著作委員＝柳沼和子、會田久仁子

撮影／長野陽一

＜材料＞ 2人分

みしらず柿（渋抜き）…1個
鬼ぐるみか姫ぐるみ…50g
- だし汁…大さじ2/3〜1と1/3
- 砂糖…大さじ2
- 塩…小さじ1/6（1g）
- 醤油…大さじ1/2（10mℓ）

＜つくり方＞

1 くるみは熱湯にひたしながら薄皮を丁寧にむく。水けをふいて、すり鉢でする。くるみから油が出てきたら調味料とだし汁を加え、すりのばす。

2 柿の皮をむき、適当な大きさに切り、1に入れて和える。

〈新潟県〉

くるみ豆腐

くるみ豆腐はごま豆腐と同様に中国から伝わった精進料理です。なめらかな舌ざわりで濃厚でもくどくない、滋養に満ちたごちそうです。十分に練り上げることで食感のよい仕上がりになります。

くるみには鬼ぐるみと姫ぐるみがあり、鬼ぐるみは大きい割に中の実が少ないので、和え物に散らして用いました。姫ぐるみは比較的たくさんの実がとれるためにすりつぶして和え衣などにします。くるみ入り巻きずしや、くるみの入った小女子の佃煮なども好まれます。中越地方の柏崎市高柳地域(石黒)では、姫ぐるみを炒り、落花生とすりつぶして味噌と混ぜ、甘酒と水あめで味を調えた「くるみ味噌」をつくります。

くるみの実は風で転がって川や海に流れて県全域に広がったため、くるみ料理も各地で親しまれています。柏崎市海岸部の笠島地区では、海藻のえごに海岸で拾ったくるみのすりつぶしと砂糖を混ぜた「味つけえごご」がハレの食として珍重されました。

協力＝河合みち子、篁園南、今井恵
著作委員＝佐藤恵美子

撮影／高木あつ子

<材料> 4人分(15×15×4cmの型1つ分)

殻つき姫ぐるみ…600g（むきくるみ1カップ120g分）
水…4カップ
吉野くず…1/2カップ(70g)
砂糖…大さじ2
塩…少々
【あん】
水…1カップ
吉野くず(かたくり粉でもよい)…大さじ1(9.5g)
醤油…大さじ1
砂糖…大さじ1
おろししょうが…大さじ1

<つくり方>

【くるみの準備】

1 殻つきくるみは一晩水に浸す。くるみが浮かないように蓋をのせておく。

2 1のくるみを鉄のフライパンに入れ、中火でころがしながら、5〜6分炒ると殻の合わせ目が少し開いてくる。そこへ包丁の背やマイナスドライバーをあててこじ開ける。千枚通しや竹串で中身をとり出す(むきくるみ)。

【豆腐】

3 吉野くずに水1カップを加えて、浸しておく。

4 ミキサーにむきくるみの半量を入れ、水1カップを加えて2分間、中速で攪拌して砕く。さらに水0.5カップを加えて1分間高速で砕いたらボウルに移す。もう半量のくるみも同様にミキサーにかける。合計で700g弱のとろみのついた液になる。

5 4をさらしの布袋に入れて袋の上部を押さえながら両手でしっかりとしぼる。約15分かかり、布袋にはくるみの薄皮が残る。しぼりとったものがくるみ乳。

6 鍋によく溶いた3と5と砂糖と塩を入れ、木べらでかき混ぜながら中火で約10分加熱すると、とろみがついて膨れてくる。弱火にしてさらに10分、同じ方向に回して十分に練り上げる。鍋に線を引くと鍋の底が見えてくるようになったら水でぬらした型に流し入れ、冷まして固める。

【あん】

7 吉野くずに水1/4カップを加えて、浸しておく。

8 残りの水3/4カップと醤油、砂糖を鍋に入れて加熱し、煮立ったら7の水溶きくず粉を入れて、透明になるまで約5分、攪拌しながら加熱する。木べらからたれ落ちるくらいの粘りのある、やわらかで透明なあんができる。

9 あんが透明になったら、くるみ豆腐にかけ、おろししょうがを中央に飾る。ワサビを添えてもおいしい。

◎5でくるみ乳をこすときは、できるだけきめの細かい袋を使う。くるみの薄皮がくるみ乳に混ざると、色が茶色になり渋みを生じることがある。

〈山形県〉
ごま豆腐のあんかけ

月山《がっさん》の山麓、羽黒山《はぐろさん》の参道入り口（随神門《ずいしんもん》）からの街道1kmにわたる地域は手向《とうげ》といい、古くから出羽三《でわさん》山《ざん》の門前町として発展してきました。参拝客にふるまわれる精進料理の中でも欠かすことのできないものがごま豆腐です。出羽三山を開山した蜂《はち》子皇子《このおうじ》が鶴岡市の海岸に上陸したことから、白いごま豆腐を日本海に浮かぶ白山島《はくさんじま》、あんを波に見立て「出羽の白山島」とも呼びます。家庭でも祝いごとや祭りには白ごま豆腐、法事などには黒ごま豆腐を食べます。

ごま豆腐はやわらかく弾力性のある食感がおいしさのひとつといえます。他県ではくずでんぷん（くず粉）やさつまいもでんぷんを使うこともありますが、庄内地方では昔からかたくり粉（馬鈴薯でんぷん）を使います。そのため庄内のごま豆腐は概してなめらかでやわらかく、かたくなりにくい特徴があります。砂糖醤油あんをたっぷりとかけると、ごまの風味とともにとろりとした食感が口の中に広がります。

協力＝土岐彰、土岐智子、菅原照子、佐藤尚美
著作委員＝佐藤恵美子

<材料>4人分（15×15×4cmの流し缶1個分）

白ごま…1カップ弱（100g）
水…4カップ
かたくり粉…1/2カップ（70g）
砂糖…大さじ1
塩…少々
おろししょうが…大さじ1
【あん】
かたくり粉…大さじ3
水…1と1/4カップ
酒…大さじ3
砂糖…大さじ2
醤油…大さじ2

<つくり方>

1 焙烙（ほうろく）またはフライパンを中火にかけ、ごまを5分ほど炒る。
2 香ばしい香りがしたらすり鉢に移し約5分、力をこめてする。水1カップを加え、とろりとした状態になるまで3〜5分、さらによくする。
3 さらに水1カップを加えながらすり、裏ごし器や布巾で丁寧にこす。残りの水ですり鉢に残っているごまを流し、これもこす。こした液がごま乳。
4 ごま乳を鍋に入れ、かたくり粉、砂糖、塩を加えてよくかき混ぜ、弱めの中火にかける。焦がさないように、木べらで底からかき混ぜながら、光沢が出るまで同じ方向に約20分練る。
5 水でぬらした型に流し入れ、木べらで表面を平らにしてラップをかけ、常温で固める。
6 四角形に切り分け、あんをたっぷりかけ、おろししょうがを丸くのせる。

◎ごまは「三粒はぜたら火を止める」といわれる。炒りすぎると焦げて苦くなる。170℃で約5分がベスト。

◎ごまをするときは、胚乳の細胞に含まれている脂質やたんぱく質などが十分に抽出されるよう力をこめる。ごまの成分とでんぷんの相互作用により独特の粘弾性ができる。

◎加熱（練り）は中火で20分が目安。15分ほど練ると粘りが出て鍋底が見えるようになるので、ここからさらに5分練る。練りが足りないとでんぷんの糊化が不十分で、固まらなかったり粉っぽく、粘弾性のある食感を得にくい。練りすぎてもかたい仕上がりになる。

【あんのつくり方】

1 かたくり粉を水1/4カップで溶く。
2 鍋に、酒と残りの水を入れて沸騰させ、砂糖と醤油を加えて煮溶かす。再度沸騰したら、木べらでかき混ぜながら、1の水溶きかたくり粉を少しずつ入れる（写真①）。
3 弱火で焦げないように注意しながら、木べらで同じ方向によくかき混ぜて練る。途中で逆回しにすると弾力やコシが戻るので、必ず同じ方向に回す。
4 あんはだんだん透明になり、ぼこんぼこんと泡立つ（写真②）。ここからさらに5分、鍋底が見えるぐらいまで練り（写真③）、火を止めてからも3分ほどかき混ぜ、粘りとつやのあるあんをつくる（写真④）。

◎かたくり粉（でんぷん）に水を加えて加熱すると膨潤（でんぷんの粒子が水を吸ってふくらむ）して糊化するので、鍋は大きめのものを使う。

①

②

③

④

仏事には黒ごまでつくり、ゆり根を添える

撮影／長野陽一

〈高知県〉

かしきり

かしきりはどんぐりの一種、アラカシの実のでんぷんを練り固めたもので、かし豆腐やかしきり豆腐とも呼ばれています。

日本では縄文時代からどんぐりを食べていた歴史があります。高知でも、昔から耕作地の少ない山間部で救荒食としてアラカシの実が食べられてきました。今でも高知の山一帯をカシやシイの木などの照葉樹林が覆っており、春になると「山が笑う」かのように一斉に花を咲かせ、秋には拾うのが面白いくらい実が落ちてきます。以前は、山で拾ってきた実は洗って乾燥させてからそうけ（ザル）に入れて保存していました。

ミキサーがなかった頃は乾燥させたアラカシの実を石臼で何度もひくなど、かしきりをつくるまでには大変な手間がかかりましたが、安芸《あき》川の上流では昔から正月や祭りに欠かせない料理です。冬場は日常のおかずとしてもつくります。あまり味がないので、にんにくのぬたをつけます。ぷりんぷりんとした食感がよく、アラカシの実が落ちる季節になるとつくりたくなるのだそうです。

協力＝川上政美、松本江美、溝渕美智子、宇田卓志　著作委員＝小西文子、五藤泰子

＜材料＞ バット1つ分（20人分）

アラカシの実*（殻をのぞいたもの）…5カップ
水…7〜8カップ

【ぬた味噌】
にんにくの葉…30g
白味噌…150g
砂糖…大さじ2
ゆずのしぼり汁…90mℓ

*ウバメガシの実でもよい。

アラカシの実はブナ科コナラ属の常緑高木の実。「ドングリの木」の代表的な樹種で西日本に広く分布している。実を拾って日当たりのよいところに干しておくと、外側の殻がはじけてくるので、むいて殻をとり除く。そのままだと渋で黒くなるのでポリ袋などに入れて冷蔵庫に入れる。冷凍庫に入れておくと長期保存できる

＜つくり方＞

1. アラカシの実を2〜3等分にして、ミキサーが回るくらいの水（分量外）と一緒に入れ、それぞれ5分間攪拌する。
2. ミキサーにかけたものを、それぞれ木綿の布袋に入れる。大きめのボウルに水（分量外）を入れ、水の中で5分間ずつ布袋をもむ。ざらざらした小さい粒（アク）が袋に残り、白色のでんぷんが出てきて容器の下にたまる。8時間ほどそのままにしておく。
3. うわずみと布袋に残ったかすを捨て、ボウルに沈殿しているでんぷんと水7カップを鍋に入れる。
4. 鍋を中火にかけ、すぐに混ぜる。底につきやすいので木べらで頻繁に混ぜながら加熱する。
5. 火が通ると、泡が吹き上げてくる。木べらですくって落としたときに、糸を引くようにすうっと落ちたら火を止める。
6. バットに入れて、3〜4時間ほど冷やす。固まったら切り分ける。
7. にんにくの葉は細かく刻んで、すり鉢でなめらかになるまですりつぶす。味噌を加えてすり、ゆずのしぼり汁でのばし、砂糖を加えて、とろりとしたぬた味噌を6に添える。

撮影／長野陽一

〈大分県〉

かたぎの実のいぎす

宇佐市院内町の木の実を使った料理です。かたぎ（カシ）の実の粉を水で練り、熱を加えることで、でんぷんが糊化し、ぷるんとした舌触りの良い寄せものになります。料理自体は、ほんのり苦味が残っている程度で味はほとんどしませんが、酢味噌をつけて、食感を楽しみます。

「いぎす」は、もともとは海藻のいぎすを煮溶かして固めた寄せもののことをいいます。国東半島の海岸部で昔からつくられている料理ですが、山間部の院内町まで材料の海藻が流通してこなかったため、身近なかたぎの実でいぎすに似た寄せものをつくったのではないかといわれています。

かたぎの実は拾って乾燥させ、殻をとって石臼で粉にし、水にさらしてアクを除いてまた干してようやく保存がきく形になります。大変な手間がかかりますが、院内町では冠婚葬祭などの行事に欠かせないもので、毎年秋になるとかたぎの実をたくさん拾って粉にしていたそうです。

協力＝末松恵美、岩野總子、中山ミヤ子
著作委員＝西澤千惠子

撮影／戸倉江里

<材料> 4人分

かたぎの実*の粉…1/2カップ
水…3カップ
【酢味噌】
味噌…大さじ1と2/3
酢…大さじ1
砂糖…大さじ1

*かたぎの実はカシの実のこと。

<つくり方>

1 かたぎの実の粉と分量の水を鍋に入れて弱火にかけ、焦げないように木べらでかき混ぜながら、30〜40分かけて練り上げる。
2 流し箱に入れて固める。
3 2を適当な大きさに切り、皿に盛る。酢味噌の材料を混ぜてかける。好みでゆずこしょうなどを添えてもよい。

◎かたぎの実の粉のつくり方

かたぎの実をよく乾燥させ、殻からとり出す。コーヒーミルやミキサーですりつぶして粉にし、木綿の袋に入れて寒中の川の水（もしくは流水）に3日〜1週間ほどさらしてアクを抜く。粉の塊をつぶして乾燥させる。

左からかたぎの実、乾燥させたもの、殻をとり粉にしたもの、アクを抜いて乾燥させたもの

〈秋田県〉
とんぶりの山かけ

とんぶりはほうきの材料になるホウキギを栽培していた比内地方の人々がその実を食べられるように工夫して加工したのが始まりとされています。旬は10月から11月。収穫後に乾燥させ、ゆでて殻を除き、1日水に浸してから手でもんで果皮（外皮）やごみを流したものを食べます。直径1～2㎜の小さな緑色の実は魚卵のようで、プチプチした歯触りがキャビアに似ており、「畑のキャビア」といわれ、地域の特産物として定着し、今では秋田県はとんぶりの生産量日本一です。

仏様の供え膳や法事の膳料理に欠かせません。食用にするまでの調製が難儀なので昔はぜいたくな食べ物でした。今はゆでた状態で売っているので一年中使われ、ドレッシングや餃子、卵焼き、納豆に混ぜたりと、どの家庭でも食べられています。クセのない味わいで、とくに大和芋や長芋によく合います。まぐろやいか刺し、貝柱の山かけなどに盛って来客や正月料理としてもふるまいます。

協力＝田村弘子　著作委員＝逸見洋子

撮影／高木あつ子

＜材料＞ 4人分

- なめこ…小1袋
- だし汁…大さじ3
- 醤油…大さじ1/2
- みりん…大さじ1

黄菊（食用菊）…4個
万能ねぎ…2～3本
とんぶり*…大さじ2
大和芋…120g
だし汁…大さじ2
塩…小さじ1/2
みりん…小さじ1

*ホウキギの実。ゆでた状態で袋詰めされているので、そのまま使える。

＜つくり方＞

1. なめこは、だし汁と醤油とみりんで煮る。
2. 菊は花弁をむしり、さっとゆでて水にとる。
3. 万能ねぎは小口に切る。
4. 大和芋はすりおろし、だし汁でのばして、塩、みりんで味をつける。
5. 器になめこと煮汁、菊を盛り、4の大和芋をかける。
6. 万能ねぎととんぶりを天盛りする。

とんぶりのかき玉汁。野菜を入れたすまし味の汁に、とんぶり入りの溶き卵を入れる

〈山形県〉

あけびの味噌詰め焼き

山形県ではあけびは、種の周りの白くて甘い部分ではなく、外側の皮を料理に利用し秋の味を楽しみます。中の種をとり出し、そこに甘味噌をからめたきのこや秋みょうがなどを詰めて油でじっくり蒸し焼きにすると、肉厚の皮はとろっとやわらかく、皮のほろ苦さに甘辛いきのこやみょうががよく合います。同じ時期に出る舞茸、しめじ、ぶなかのか（ぶなはりたけ）などの天然のきのこを利用すると一層歯ざわりや香りがよく、とてもおいしいものです。家庭によってはひき肉やさつま揚げを入れたり、お彼岸にはごぼう、にんじん、打ち豆を入れたりもします。

秋は生のあけびを使いますが、皮は冷凍や天日に干して保存できるので、一年中あけび料理を楽しめます。昔から秋彼岸には生のあけびを使い、春彼岸には干した皮を戻して調理し、仏壇にお供えしました。山に入ってとってきたり、あけびの根を畑に植えて育てていますが、現在は栽培ものを使うことが増えています。

協力＝村上弘子、柏倉ミツ、新宮みち
著作委員＝宮地洋子

撮影／長野陽一

＜材料＞ 4人分

あけび…4個
舞茸…50g
しめじ…50g
糸こんにゃく…50g
みょうが…5個
味噌…大さじ1と1/2
砂糖…小さじ2
油（炒め用）…大さじ1と1/3
油（焼き用）…大さじ2

たこ糸

あけびは外側の苦い皮を食べる。あけびの新芽は「木の芽」と呼び、おひたしなどにする

＜つくり方＞

1 あけびはスプーンなどで中の種をとり除き、皮を使う（写真①）。口が閉じているものは中心の筋目に沿って割る。
2 舞茸は手でさき、しめじは子房に分ける。糸こんにゃくはゆでて食べやすい長さに切る。みょうがは長いものは半分に切り、せん切りにする。
3 鍋に炒め油を熱し、舞茸、しめじ、糸こんにゃくを加え炒める。しんなりしたらみょうがを加えてさっと炒め、味噌と砂糖を加えて炒り煮する。
4 3が冷めたらあけびの皮に詰め、たこ糸で結んで口を閉じる。
5 フライパンに焼き油を熱し、4のあけびを並べる。中火でときどき転がしながら、蓋をして蒸し焼きする。
6 焼けたらあけびのたこ糸を外し、1個を2〜3つに切り、盛りつける。

◎あけびの皮は苦味があるので、具を少し甘めにすると苦味が和らぐ。

◎皮は冷凍できる。半分に切って1枚ずつかたくり粉をまぶしラップに包む。使う場合は凍ったまま沸騰した湯でゆでる。

撮影／長野陽一

＜材料＞ 500mlの容器1つ分

なつめ*…350g
砂糖…100g
塩…小さじ1
醤油…小さじ1

*生、もしくは冷凍でもよい。

＜つくり方＞

1 なつめは直接蒸し器に並べ、2〜3分蒸して、ほぞ（へた）を竹串でとってから、水洗いをする。
2 鍋にたっぷりの水と1のなつめを入れ、強火で煮る。
3 沸騰したら弱火にして、ふたをしたままコトコト約40〜50分煮る。少し果肉にひびが入り、一つ食べてみて、なつめの種がきれいに果肉からとれるようになったら、火を止める。
4 3の水がなつめ全体にひたひたになるように調整する。砂糖を入れて落としぶたをし弱火で約15分煮る。
5 塩と醤油を加え一度鍋をゆすって均一にし、火を止め、一晩おいて味を含ませる。

◎瓶詰めにして保存してもよい。その場合は、瓶を煮沸消毒して煮汁が瓶の口すれすれになるように入れて蓋をする。冷凍保存してもよい。

なつめ（冷凍）

〈岐阜県〉

なつめの甘露煮

飛騨地方に伝わる保存食です。小鉢として食卓に出したり、お茶請けやおやつにもします。砂糖と醤油でふっくらと煮えたなつめを一粒口の中に入れ、ホロリとやわらかな果肉を味わい、種は出します。リンゴジャムのような優しい甘味に「もう一粒」と箸が止まらなくなり、気がつくと種が皿に山盛りとなっています。

新羅《しらぎ》の僧が飛騨に流刑となった際にもたらしたと伝説があるなつめは、今でこそ少なくなった感はありますが、飛騨の町のあちこちの家の庭先や畑に植えられていました。古いものは二階の屋根のひさしを越すほど大きくなります。10月になり実が赤く色づき始めると収穫し、時間をかけて煮つめた甘露煮は、今も祭りなどのハレの日を彩る一品でもあります。

高山市内の国府町は古くからなつめの栽培が盛んで、小学校の校歌に歌われるほどです。台風の翌日などは、登校する子どもが道端に落ちた枝から大粒の実を我先にとって生で食べていたそうです。

協力＝幅節子、神出加代子
著作委員＝木村孝子

漬物を使って

酸っぱくなった古漬けのたくあんや白菜漬けを使った料理は複雑な旨みがあり、これが食べたくて漬物を漬けるという人もいるほどです。塩抜きする前提で漬ける新潟の体菜《たいな》や、高知のある集落だけに伝わる漬物の鍋料理も紹介します。

〈宮城県〉

あざら

　年を越して酸っぱくなった白菜の古漬けとメヌケ（カサゴ類の魚）のアラを酒粕と味噌で炊いた煮物です。白菜の古漬けは乳酸発酵が進んで酸味が増しており、この酸味とメヌケのアラ、酒粕のうま味が合わさることで複雑な味わいが生まれます。組み合わせに驚く人もいますが、冬に体を温めるのにぴったりな料理で、地元の人はやみつきになる味だといいます。

　あざらが食べられているのは三陸沿岸部のなかでも気仙沼地方だけ。醤油味か味噌味か、汁物か煮物かなど、家庭によって味も形状もさまざまです。大量に漬けて余った白菜漬けは、塩抜きして味噌漬けにすることもあります。メヌケは、全国から気仙沼港にやってくる漁船から水揚げされ、刺身や煮魚で残ったアラをあざらに使うようになりました。名前の由来には、阿闍梨《あじゃり》という位の高い僧侶がつくったという説と、豪快な料理なので、この地方の方言である「あじゃら（手荒なご）」の言葉を当てたという説があります。

協力＝小松朋子、小野寺晴香、菅原悦子
著作委員＝濟渡久美

撮影／高木あつ子

＜材料＞ 6人分

白菜の古漬け…1/2株（400g）
酒粕…120g
メヌケ*のアラ…120g
仙台味噌（赤色辛口）…大さじ2強（40g）
水…4カップ

*メヌケは、赤く大型になるカサゴ類の魚のこと。あざらにはアコウダイやバラメヌケ、サンコウメヌケ、オオサガなどを使うことが多い。最近ではキチジやアカウオ、ツナやサバの水煮を使う人もいる。

◎好みで唐辛子を刻んだものや砂糖を入れてもよい。

＜つくり方＞

1 白菜漬けはひと口大に切る。
2 鍋に白菜漬けを入れ、水（分量外）をひたひたになるまで入れる。15分ほどゆでて塩抜きする。ザルにあげて水けをしっかりきる。
3 鍋に水とメヌケのアラを入れて強火にかける。沸騰したら中火にしてアクをとりながら20分ほど煮る。白菜漬けを入れ、再度沸騰したら味噌を入れる。
4 全体がなじんできたら酒粕を入れ、煮汁で溶く。水分が少なくなりどろっとしてくるまで弱火で煮る。煮汁が少ないと酒粕が焦げやすいので、木べらで鍋底をこそげながら煮る。

◎魚の骨が気になる人はとり除いてから煮るとよい。

〈新潟県〉

煮《に》菜《な》

見た目は地味ですが、噛みしめると体《たい》菜《な》の風味やだしのうま味、打ち豆や炒め油のコクが混然一体となって、冬期間の副菜として欠かせない味です。

体菜はアブラナの変種で杓子《しゃくし》菜《な》の一種です。新潟県では全国的な読み方の「たいさい」ではなく「たいな」と呼びます。中越地方の長岡地域に、明治の初期から定着しました。1株が1kgを超えることもあり、冬に葉物が不足する雪国では、貴重なビタミン源、ミネラル源となってきました。小松菜・野沢菜との自然交配種で茎が細く葉も小さい「長岡菜」も用います。

同様な料理は各地にありますが、上越地方や魚沼地域の煮菜は酸味が出た野沢菜漬けの残りを使います。体菜漬けは、最初から塩出しして食べる目的で漬けるので、塩はかなり強くしても失敗はありません。下越地方には、大根菜、体菜、結球前の白菜などの塩漬けを使い、打ち豆やにんじん、里芋、こんにゃくなどで具だくさんにつくる「茎《くき》菜《な》煮《に》」があります。

協力＝毛利彰子、金内テル、小林直子、西川悦子　著作委員＝太田優子、山田チヨ

撮影／高木あつ子

<材料> 4人分

体菜（たいな）の塩漬け*…500g
打ち豆**…25g
油…大さじ1
だし汁（煮干し）…1カップ
酒…45mℓ
味噌…大さじ1と1/2〜2

*保存用に塩漬けしたもので、塩出しして使う。
**水に浸した大豆をつぶしたもの。乾燥品で市販されている。

<つくり方>

1 体菜は3cm長さに切り、水からゆでて沸騰したら5分煮て、水を替え、一晩おいて塩味がほのかに残る程度に塩出しをする。
2 水けをきり、鍋に油を熱し、中火で1分ほどさっと炒め、全体に油が回ったらだし汁と酒と打ち豆を入れて煮る。
3 体菜が好みのやわらかさになったら、塩分を確かめながら、味噌を加えて味を調える。

◎好みで酒粕を入れてもよい。醤油で味つけをする場合もある。
◎油で炒めず、そのまま煮てもよい。
◎だしをとらずに、頭と腹をとり除いた煮干し5〜10尾(10g)と水で煮てもよい。

体菜。大きいものは80cmほどになる

撮影／長野陽一

＜材料＞ 4人分

古漬けたくあん…1本（約200g）
だし汁…鍋にひたひた（3〜4カップ）
醤油…大さじ4
砂糖…大さじ1
酒…大さじ1
みりん…大さじ1
赤唐辛子…1〜2本

＜つくり方＞

1 たくあんは、ぬかを洗い流して薄く輪切りにする。
2 1をたっぷりの水につけ、半日から1日ほど塩抜きする。
3 2を新しいたっぷりの水からゆでる。沸騰したら湯を捨て、もう一度水からゆでる。沸騰してから60〜90分ゆでて湯を捨てる。
4 鍋にひたひたのだし汁と調味料を入れ、じっくりと弱火で40〜50分煮る。中心部まで味がしみたら最後に輪切りの唐辛子を加え、ひとまぜしてできあがり。

〈福井県〉

たくあんの煮たの

雪深い福井の冬を越えるためにたくさん漬けたたくあんは、夏を迎える頃には酸っぱく、塩っぽくなります。そこで塩抜きをしてから煮て食べました。一口でご飯が何口も食べたくなるおいしさで、醤油の塩気とたくあんのほんのり香る乳酸発酵臭が口に広がり、ピリッとする唐辛子がさらに後をひきます。まさに白いご飯のためのおかずです。酒肴やお茶うけとして楽しむ人もいます。

「ぜいたく煮」「大名煮」とも呼ばれ、この料理を楽しみたいからたくあんを漬けるという人もいます。サクッとするぐらいのかたさを残してつくる人も、歯がない人でも食べられるほどくたくたに煮る人もいます。

暑くなってくる時季に長時間煮こむ料理で、煮ている間の匂いがきついので、庭にコンロや灯油ストーブを出して、クツクツ、コトコト煮るといいます。今は古漬けになったたくあんを少量買うこともできるので、そこからたくあんの煮たのをつくることもできます。

協力＝高島純子、増永初美、水野よし江、野村邦子　著作委員＝森恵見、佐藤真実

〈三重県〉

あほ炊き

三重県の北勢から中勢は、伊勢平野で栽培された良質の大根を、鈴鹿おろしや伊吹おろしと呼ばれる寒風にさらしてつくる伊勢たくあん、養老たくあんの産地です。かつてはどの家でも自家栽培した大根を大樽で漬けて年中食べていました。このたくあんも新漬けのできる翌年の夏を越す頃になれば味や匂いが悪くなります。あほ炊きは味の落ちた古漬けたくあんを塩抜きし、ゆでて発酵臭を除き、ごま油で香りをつけて煮ておいしく食べる工夫がされた常備菜です。

せっかくの漬物をもう一度炊きなおすのは「あほなこと（ばかなこと）」が名前の語源で、「大名炊き」という地区もあります。他県でも同様の煮物を「ごちそう炊き」「たくあんの炊いたん」などと呼びますが、薄味だったり炒めなかったりと味は多少違います。今は四斗樽いっぱいにたくあんを漬ける家庭も少なくなりましたが、この煮物が懐かしく、市販の古たくあんを買ってつくる人やあほ炊きをつくるためにたくあんを漬ける人もいます。

協力＝豊田栄美子　著作委員＝水谷令子

撮影／長野陽一

＜材料＞ つくりやすい分量

古漬けのたくあん…1本（約200g）
ごま油…大さじ2
醤油…1/4カップ
砂糖…大さじ3と1/3
みりん…大さじ1
だし汁…大さじ4
白ごま…小さじ1
一味唐辛子…小さじ1/5

＜つくり方＞

1 たくあんを薄切りにしてたっぷりの水に一晩つけて塩抜きをする。途中で水を替える。
2 1のたくあんをザルにあげ、たっぷりの湯でゆでてから水けをきる。
3 フライパンにごま油を熱し、2を水けがなくなるまで炒めたあと、だし汁と調味料を加えて汁けがなくなるまで煮る。
4 仕上げに、白ごま、好みで一味唐辛子をふる。

〈香川県〉

古漬け大根の炊いたもの

秋から冬にかけて収穫した大根の保存食としてつくられたたくあんも、春になり気温が高くなると発酵が進み、味も酸っぱくなってきます。この古漬けを有効に利用するためにつくられたのが、古漬け大根の炊いたものです。発酵した古漬け大根の独特の味と風味に油が加わり、さらにピリッとした赤唐辛子の辛みで、大根の煮物とはまた違う、素朴な味わいの料理です。ご飯と一緒に食べると、ご飯が進む常備菜となります。

今は大根を漬ける家庭も少なくなったためか、県内の食品会社が古漬け大根を薄く切り、水にさらしたものを一般小売店で販売しています。これを買って上手に塩抜きすると簡単に家庭でつくれます。塩の抜き加減は経験が必要で、自分で食べて確認するのが一番です。しょっぱいときはさらに水につけますが、塩が抜けすぎると風味もなくなってしまいます。このように保存食の漬物をひと手間かけ、食材を最後まで無駄なくいただく知恵が詰まった料理です。

協力＝三野道子、新田雅子、曽我千穂子、中條従子　著作委員＝次田一代

撮影／高木あつ子

＜材料＞ 8人分

古漬け大根…400g
油…大さじ2
だし汁（煮干し）…3/4カップ
醤油…大さじ1と1/3
みりん…大さじ1と1/3
赤唐辛子…小1／2本
一味唐辛子…ひとふり

＜つくり方＞

1 古漬け大根は2mmくらいの輪切りにする。太い大根の場合は半月切りにする。
2 ひたひたの水で少しかために ゆでる。湯を捨て水を替えながら一晩水の中で塩抜きする（写真①）。食べてみて、塩が抜けていない場合はさらに流水につける。塩抜きしてゆでるより、ゆでて塩抜きしたほうがやわらかく煮える。
3 大根をザルにあげてよく水けをきる。
4 鍋に油を熱して赤唐辛子を入れ、大根を入れて炒め、だし汁、醤油、みりんを入れて、大根がやわらかくなるまで煮る。赤唐辛子は途中で鍋から出す。
5 辛いのが好みなら、最後に一味唐辛子をふり混ぜる。

①

〈高知県〉

ほうり漬け

ほうり漬けは、乳酸発酵した大根の漬物と味噌、だしじゃこと少量の水を加熱しながら食べる鍋料理です。県内でも四万十川流域の山あいにある中津川集落だけに伝わるものです。名前の由来は、漬けておいて（放《ほう》って）おけばできあがるからではないかといわれますが、定かではありません。

大根は大きめの薄切りにして米のとぎ汁と塩で3日ほど漬けておくとさわやかな酸味の漬物になります。これを鍋に入れ、箸で裏返しながら濃い味噌汁にからめるようにして食べると、しゃきしゃきした歯ごたえで、酸味と塩味、味噌とだしじゃこのうま味が相まって、次から次に箸が進むのです。

中津川では、大根や白菜のとれる秋から冬にかけては朝、昼、晩と毎日、おかずはほうり漬けだったそうです。あとは麦飯やきび飯だけということも多かったですが、それでも皆、飽きずにおいしく食べていたといいます。各家庭には真ん中に穴をあけた食卓があり、そこに七輪をセットして鉄鍋をのせ、箸でつつきながら食べました。

協力＝田辺客子　著作委員＝福留奈美

撮影／長野陽一

＜材料＞

【大根の漬物】つくりやすい分量
大根…1本（1kg）*
米のとぎ汁…1ℓ
塩…40g（大根ととぎ汁の重量の2％）

【ほうり漬け】3～4人分
大根の漬物…400～500g
味噌**…大さじ3～4
きびなごのだしじゃこ…10尾程度（約20g）
水…約1カップ

*同重量の白菜でもよい。
**味噌は麦味噌でも米味噌でもよい。

昔は焼き物の甕で漬物を漬けていたが、今はガラス瓶の密閉容器で、発酵の様子を確かめながら使っている

＜つくり方＞

1 大根の漬物をつくる。大根を5～6cm長さの輪切りにして皮を薄くむく。縦に2cm幅に切ってから5～6cm長さの薄い短冊切りにする。
2 密閉容器に米のとぎ汁と塩を入れ、大根を漬けて2～3日ほど冷暗所におく。味を見て、酸味が少し出てきたら使える。
3 ほうり漬けをつくる。大根の漬物を鍋に入れ、大根の半分が浸るくらいの水を入れ、味噌、だしじゃこを加える（写真①）。
4 鍋を火にかけ、味噌を溶きながら、温まったところから大根をとり出して食べる。

◎大根を出した後の漬け汁に大根と大根の2％の塩を加えれば再び漬けられる。漬け汁が酸っぱくなりすぎたら、新しいとぎ汁に2～3割の漬け汁を種として加えて漬けるとよい。

〈福岡県〉

たくあんのいりこ煮

いりこから出ただしがよくしみた、ちょっと甘めの煮物です。よく干して長期保存用に漬けたたくあんでつくると、しっかりとした歯ごたえとたくあん自体の旨みがあり、食が進みます。

今は一年中購入できるたくあんですが、昭和の初め頃まではどの家庭でも1年分のたくあんを、晩秋から暮れにかけて漬けました。干した大根に塩と米ぬかを混ぜ、重しをのせて3カ月以上漬けこむと、ぬかに含まれる酵母や酵素により発酵が起こり、独特の風味と旨み、歯ごたえがつくり出されます。翌年の夏頃には酸味が出て古たくあん（古漬け）と呼ばれるようになるので、塩出しをしていりこと一緒に醤油味で炊きました。

博多の商家では大所帯をまかなうために、たくあんや白菜、高菜などの漬物類をたくさん漬けこみました。カビが生えたり発酵が進んで酸味が出たものも、捨てずに最後の1本までおいしく食べきるために知恵を凝らした料理といわれています。

協力＝青木とも子　著作委員＝熊谷奈々

撮影／長野陽一

＜材料＞ 4人分

たくあん（古漬け）…200g
油…大さじ1
いりこ…30g
水…1カップ
砂糖…大さじ3強（30g）
醤油…大さじ2
一味唐辛子…少々

5年物の古漬けのたくあん。「の」の字になるくらい干してから、塩、米ぬか、干した柿の皮、こしょう（赤唐辛子）を入れて漬けた

＜つくり方＞

1 たくあんは2〜3㎜の薄切りにして水につけ、多少酸味や塩味が残る程度まで塩出しをする（写真①）。両手でよくしぼって水けをきる。
2 いりこは頭と腹ワタをとり、2つに割る。
3 鍋に油を入れ、1のたくあんを加え、軽く炒める。
4 いりこ、分量の水、砂糖、醤油を加え、煮汁がなくなるまで煮る。最後に好みで一味唐辛子をふる。

収穫の秋の楽しみも冬越しの工夫も多彩に

本書に掲載された野菜などのおかず91品を比較してみると、食材の使い方や調理法に、その料理ならではの特徴や地域特性が見えてきます。レシピを読んで、つくって、食べるときに注目すると面白い、そんな視点を紹介します。

●秋冬の家庭料理に欠かせない大根

本書で紹介した91品のレシピのうち、3分の1近くが大根をおもな材料としています。副材料としての使用や、大根の漬物を調理した料理まで含めれば全体の4割以上で登場し、大根は秋冬の家庭料理に欠かせない野菜の代表選手といえるでしょう。

ふろふき大根やなますにも向く神奈川の三浦大根（p6）、煮物だけでなく生でも漬物にしてもよい鹿児島の桜島大根（p16）は、その地名とともに知られています。煮たかぶと生の大根おろしを組み合わせてつくる富山のかぶらごき（p21）や、京都の金時豆とたこの足の煮物（p29）のような組み合わせは、ご当地では当たり前でも、初めて知る人も多いのではないでしょうか。

行事と直結した大根料理も多く、熊本の御《ご》正忌《しょうき》（親鸞聖人《しんらんしょうにん》の法要）ではこしょう大根（p18）、福井の報恩講《ほうおんこう》ではなます（p22）が出されます。佐賀では観音講や婦女子の親睦会でかけあえ（p27）が楽しまれてきました。徳島のならえ（p25）は法事や彼岸の際は砂糖を使って普段より甘くしてごちそうとしました。年越し・正月の料理では、女の年取りに欠かせないという青森の煮あえっこ（p8）、新巻鮭などの魚介を入れる富山のお酢わい（p20）などがあります。京都の紅白なます（p23）は、不祝儀には大根のみの白なますに仕上げるそうです。大根のなますはシンプルな甘酢和えからごま味噌和え、白酢和えなどいろいろな味つけがあり、合わせる食材もさまざまです（写真①）。

①

柿の産地である福岡・筑後地域の柿なます（レシピ掲載なし）。干し柿のやわらかい甘味が、なますの酸味をまろやかにして食べやすい。（協力・大刀洗町『きくちの里』朝市に出す会／著作委員・秋永優子）（撮影／長野陽一）

●献立を助ける時短・つくりおき料理

愛媛のもみ大根（p26）はせん切り大根をいりこと味噌とみりんで和えるだけという手軽さです。また長野の大根びき（p11）は、大根をごく薄くむくことですぐに火が通る料理で、それぞれ時短料理といえそうです。一方、つくりおき料理といえそうなのはできたてよりも翌日以降が断然おいしい山口のけんちょう（p74）。3〜4日煮返しながら大根と豆腐が溶け合うようにくたくたになったものを食べる人もいたそうです。三重ののっぺい汁（p70）も、最初は汁が多いのが、温めなおすうちに汁が少なくなり味がしみこんでいきます。

東京のゆず巻き（p19）は容器に入れていつでもつまめる甘味《かんみ》的な常備菜でした。大根の葉でつくる富山のよごし（p53）はピリ辛のごま味噌味でご飯が進む常備菜です。忙しい中で献立を整える工夫を通じて、大根が無駄なく多彩に利用されてきたことがわかります。

●大根をおいしく食べる知恵

淡泊な大根をおいしく食べるためのだしもいろいろです。小魚やだしじゃことの組み合わせは、神奈川のしこなます（p6）、栃木のえび大根（p9）、愛媛で大羽のいりこを使ったもみ大根（p26）など。新巻鮭の頭を一尾分まるごと使う栃木の粕煮（p10）は、海なし県ならではの地域性を感じます。愛知の味噌おでん（p13）はちくわやはんぺんなどの練り物を煮ます。兵庫のしょうが醤油で食べるおでん

（p14）は、練り物に牛すじも加わっただしでじっくり大根とじゃがいもを煮ています。

大根は干すことで甘味が増し、生にはない新たな食感も生まれ、干すからこそのおいしさが出てきます。それは年間通して大根を食べ続ける工夫でもあります。細切りではなく太めに切った干し大根は「たこの足」とか「たこ干し」と呼ばれ、京都（p29）や香川（p32）で登場します。宮崎の干し大根は「つるし大根」「いかん手（いかの手）」などと呼ばれます（p34）。たこの足といかの手と、どう違うのでしょうか。宮城の凍み大根（p28）は、紐を通して干すためにあけた真ん中の穴から「へそ大根」や「ババべそ」と呼ばれ、同じような穴でも、まわりのしわの様子まで含めて島根では「肛門干し」と呼ばれます（p30）。名前は大胆ですが、寒の入りに丁度よい具合に干してから蒸し、再び寒干しで二度干しにすることで甘味が強くなるという細やかな手順に知恵が詰まっています。また、山口では干し大根を「かんぴょう」と呼び（p31）、干し大根の呼び名もさまざまです（写真②では「そぎ」）。

●大切に食べてきたずいき

里芋の茎（葉柄）は、ずいき、いもがら、芋茎、だつなどと呼ばれます。中でも赤みを帯びた八つ頭の茎が好まれることが多いようです。

栃木では、生ずいきはその色と食感を生かした酢の物（p79）にし、干したものは炒め煮にします。埼玉のいもがらの酢醤油和え（p80）は、芋の収穫期に生のいもがらでつくり、正月の雑煮は干して保存したいもがらを使います。岐阜の芋茎の煮物（p82）は、皮がむきやすいよう日陰で一日干してから使います。福井のすこ（p81）は、秋祭りや報恩講に欠かせない料理であり、その季節の日常食としても繰り返し食べられました。愛知のだつの煮物（p83）では、お盆前の若い茎は生で食べ、秋になるとカラカラに干してからかんぴょう代わりに使います。ずいきは血をきれいにするとか、産後の肥立ちによいなどといわれて大事にされてきたことが各地で伝えられ、芋だけでなく茎や葉までも食べられる身近な作物であったことがわかります（写真③）。

②

東京・伊豆諸島の新島では大根を包丁などでそぎ切りにし、島の冬の風物詩である西ん風（にしんかぜ）で干した「そぎ」の煮物がつくられる（レシピ掲載なし）。大根の旨み、甘味が感じられる。（協力・梅田喜久江／著作委員・色川木綿子）（撮影／長野陽一）

●木の実、果実は秋の恵み

秋ならではの木の実、果実の料理もあげられています。下処理に時間のかかるものが多いですが、手間ひまかけた分だけ、そのおいしさには格別の思い入れがあったのでしょう。

新潟のくるみ豆腐（p99）、山形のごま豆腐（p100）は、ごまやくるみをすり鉢で根気よくすります。アラカシの実のでんぷんを固めた高知のかしきり（p102）、カシの実のでんぷんでつくる大分のかたぎの実のいぎす（p104）は、木の実のでんぷんをとり出すために石臼でひいて粉にし、水にさらして、さらに火入れして練り上げることで食感をよくします。このように時間をかけて手づくりする人が少なくなった今だからこそ伝えたいという声が、各地の調査でよく聞かれました。

くるみを衣にした和え物のバリエーションは広く、山形では風味豊かな食用菊もってのほか（p89）、岩手ではかんぴょう（p94）、宮城では豆腐にその半量以上のくるみを合わせた白和え（p95）、滋賀ではわらびやぜんまいなど（p96）が和えられています。会津みしらず柿のくるみ和え（p98）は、渋抜きして甘く熟した柿に甘いくるみだれを合わせます。岩

③

岩手・北上市のずいきのくるみ和え（レシピ掲載なし）。大きく粘りがあり、とろりとした食感が自慢の里芋「二子いも」の茎は佃煮や炒め物、汁物などでよく食べられる。（協力・桑原文子、北上市食生活改善推進員協議会／著作委員・阿部真弓、佐藤佳織）（撮影／奥山淳志）

手ではコクがあっておいしい味のことを「くるみ味がする」と表現するほど好まれています。栃木のかんぴょうのごま酢和え（p76）は、すりごまにごま油も加えてコクを出します。埼玉では緑のほうれん草に黒ごまの彩りがきれいです（p52）。和歌山の煮なます（p24）はごまを1時間もすり、大分のあいまぜ（p35）は2人がかりで掛け声をかけながらすり鉢を当たるそうです。手間をかけるからこそのごちそう感があります。長野ではごまとは違う独特の風味を持つえごまを使った和え物（p86）がつくられます。

畑のキャビアとも呼ばれる秋田のとんぶり（p105）や、甘い中身ではなく苦味のある外側の皮を食べるという山形のあけびの味噌詰め焼き（p106）、リンゴジャムのようなやさしい甘さについつい手が伸びるという岐阜のなつめの甘露煮（p107）も、その土地ならではの木の実や果実を使った家庭料理です。

秋冬ならではの食材としてはきのこや冬至頃まで食べるかぼちゃも登場します。地元では松茸よりおいしいという人もいる島根の香茸の煮しめ（p91）や、つるりとした喉ごしの青森のさもだしの塩辛（p92）が紹介されています。長野のかみなり（p85）や山梨のおしくじり（p84）は、かぼちゃと小麦粉を練り合わせた主食に近い料理でよく似ていますが、材料の配合とつくり方が微妙に違います。枯れ朴葉を使う岐阜の朴葉味噌（p64）も、落葉の季節ならではの料理です。

●在来野菜や特産の野菜を生かして

とろりと甘い埼玉の深谷ねぎ（p63）は深谷市周辺の特産です。各地の伝統野菜では、でんぷん質が多く粘りの強い石川の加賀れんこん（p44）、奈良の下北春まな（p54）、小魚との相性がよい山口のちしゃ（p56）、香川のまんば（p57）、新潟で煮菜に使われる体菜（p110）などがあげられました。地域に根づいた野菜の名前は独特です（写真④）。ンジャナやンスナバー（p58）と聞いては何だろうと興味がわきます。

産地ならではの食べ方として、小さなくわいのから揚げ（p48）、しょうがを野菜として食べる天ぷら（p46）などがあります。新潟の食用菊かきのもと（p90）は、甘酢漬けにしたり、だし割り醤油、砂糖醤油をかけて食べます。近畿のかんぴょう産地である滋賀の甲賀市では、脇役になることが多いかんぴょうが主役の煮物を食べます（p78）。埼玉の塩もみの大根とゆでたはすの白和え（p43）は、いかにも食感がよさそうです。白菜は大根やごぼうとは異なり、日本で広まったのは明治時代以降と比較的新顔の野菜ですが、よくつくっていた地域では、山口のように白和えで食べたり（p60）、奈良のように大和揚げや豚肉と炊いた料理（p59）が定着しています。

野菜ではありませんが、愛知では地域特有の赤味噌（豆味噌）で野菜や肉を煮た煮味噌（p72）が西三河を代表する味になっています。千葉では、戦後急速に広まった魚肉ソーセージを自家栽培の長ねぎに合わせてフライ（p62）にしたそうです。野菜に何を組み合わせるかに、地域性や時代が見てとれます。

島根県東部地域でとれるとくな（高菜）。冬のあいだはゆでて煮しめなどにして食べる。春になってとうが立ってからは漬物にする。（協力・島根県食生活改善推進協議会、宮本美保子／著作委員・石田千津恵、藤江未沙）（撮影／高木あつ子）

●秋から冬の行事と野菜料理

正月料理には縁起のよい野菜が使われます。根強く仕事ができるよう根菜をたっぷり入れた滋賀のねごんぼ（p41）や、見通しがきく縁起物である石川や山口のれんこん料理（p44、p45）が紹介されました。年越しに奮発して買った大きな真だらの子を使った青森のにんじんの子和え（p37）、賀節《がせつ》、賀日《がじつ》和えとも書く広島のがせつ（p55）は、ほうれん草と焼きアナゴを合わせたごちそう。静岡のおひら（p67）は、正月や11月の新嘗《にいなめ》祭につくる野菜の煮物です。正月や婚礼などに欠かせない山形のひやしる（p50）は、秋冬の野菜でつくるのが最もおいしいとされています。

地域により秋から冬にかけて行なわれる

浄土真宗の報恩講に欠かせない料理としては、福井のなます（p22）やごんぼの油炒め（p40）、滋賀のぜんまいのくるみ和え（p96）などがあります。鳥取では天台宗の大師講で、こ煮物（p73）がふるまわれます。いずれも身近な材料だけでできる、大量につくってつくりおきができるといった、行事向きの料理になっています。群馬のきんぴら（p39）は、お祝いにも法要にも、常備菜にも欠かせないもので、うどんやそばのつゆに入れたり、焼いたもちにはさむなど、意外な食べ方が見られます。福島の会津地方で広く伝えられているこづゆ（p68）は、地域ごと家ごとに材料が違いますが、本書では「つと豆腐」が入った西会津町のものが紹介されました。

　集まりの際の料理では、慶事と弔事でつくり分けるものもあります。茨城の煮和え（p42）は、仏事には赤いにんじんは入れません。山形のごま豆腐（p100）は、祝儀用は白ごまで、不祝儀用は黒ごまでつくります。

●漬物を使うからおいしい料理

　冬を越すために大量につくったたくあんは、乳酸発酵により徐々に酸っぱく風味も強くなります。それを塩抜きして油で炒め煮にしたりいりこと合わせたり、漬物とは違った食感と味つけでたくさん食べられる4品が紹介されています。福井のたくあんの煮たの（p111）、三重のあほ炊き（p112）、香川の古漬け大根の炊いたもの（p113）、福岡のたくあんのいりこ煮（p115）で、これが食べたいからたくあんを漬けている、という人もいるほどです。

　白菜の古漬けと酒粕の風味が独特の宮城・気仙沼のあざら（p109）は、食べ慣れた地元の人だからこそわかるおいしさがありそうです。高知のほうり漬け（p114）は山間の小さな集落だけで食べられており、他地域では全く知られていないという点で興味深いものです。

●この料理にはこの道具

　各地の家庭料理に欠かせない道具の存在も見逃せません。滋賀では、つくったねごんぼ（p41）を保存しておく、根ごんぼ桶と呼ばれる専用桶があったといいます。

　長野の大根びき（p11）は、皮ごと鉋《かんな》か皮引き（皮むき器）でひいてつくり、長崎の切り干し大根の煮しめ（p33）も、かんころ鉋で大根を大きめに切って干して使います。広島の煮じゃあ（p12）は、大根突きで突きおろすので手早くでき、沖縄のにんじんシリシリー（p38）もシリシリ器があれば包丁でせん切りにするよりずっと早くつくれます。このように野菜を細かく切るための道具も各地で見られます（写真⑤、⑥）。

　しかし、その料理がつくられなくなると道具を使う人もいなくなり、道具そのものがなくなってしまいます。家庭料理を受け継ぎ伝えるということは、食材、つくり方、道具、そして料理にまつわるさまざまないわれや習慣などの文化そのものを残すことになるのです。

＊　＊　＊

秋にとれる多彩な根菜や木の実を楽しみ、乾物や保存食も上手に使いながら冬を越していく料理が集まりました。秋祭りや年取り・正月の行事食には、料理の形は違っても一年の無事に感謝し新たな年を祝う気持ちが共通しています。春夏の野菜のおかずでは、春の芽吹きや夏の盛りの野菜がどのように登場するのか楽しみです。

（福留奈美）

⑤

沖縄のにんじんシリシリー（p38）で使ったシリシリ器。太めの穴が5段並んでいる。（撮影／長野陽一）

⑥

福井のなます（p22）で使ったなます鉋（かんな）。シリシリ器よりは細めの穴が1列。裏返すとさらに細い刺身のつま用におろすことができるようになっている。（撮影／長野陽一）

調理科学の目 1

根菜の味と食べ方をめぐって ～地域と季節と調理方法

大越ひろ（日本女子大学名誉教授）

本書では秋から冬の野菜を中心に聞き書きされたおかずを掲載しました。掲載料理のうち最も料理数が多いのは大根です。南北に長い日本列島ですが、大根は全国的に冬の食材として利用されてきたようです。

●大根にみる購入額の地域差

秋冬野菜の代表ともいえる大根について、1963年の家計調査年報から食費、ことに野菜類について、鈴木ら（※1）が白地図上にマッピングしたものを参考に、総理府統計局（当時）が公表したものを用いて作図しました。図1は世帯当たりの大根（生の大根の他、漬物などの加工品も含む）の購入金額について示したもので、色の濃い地域の購入金額が高くなります。本書の料理を聞き書きした年代に近い状況を知るために1963年のものを示しています。

大根は北海道をはじめ北日本で購入額が多く、関西以西の中国・四国および九州で少なくなっています。北海道などの北日本では大根は、魚や麹と漬けこむいずしや、身欠きにしんを使ったにしん漬けなど冬季の保存食としての利用が多く、また三平汁に代表されるような魚を使った具だくさんの汁ものの材料としても頻繁に食べられるため購入量が多いのかもしれません。石川県や福井県、京都府の購入額が多いのもにしん漬け（麹漬け）やたくあん漬け、千枚漬けなどの漬物がよく食べられてきたためといえそうです。東京都ではかつてたくあん漬けに適した練馬系品種が多く栽培され、たくあん漬けやべったら漬けなどに利用されてきました。そうしたことも影響しているかもしれませんが、現代では消費の仕方も変わってきていると思われます。

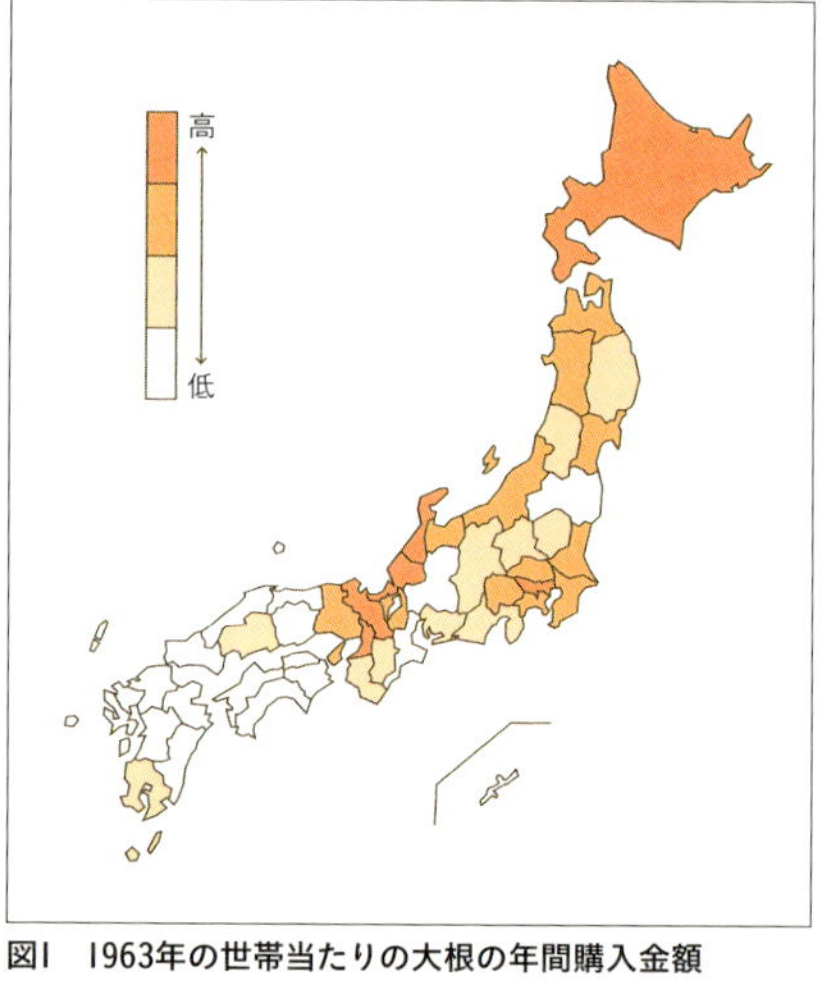

図1　1963年の世帯当たりの大根の年間購入金額

●青首大根と地方の大根

大根には多くの品種がありましたが、昭和50年代に入ってからはつくりやすさという点から青首大根が生産の主流となり、現在は作付面積の90％以上を占めています。

神奈川県三浦市で主に栽培されてきた三浦大根（p6）は、肉質はきめ細かく煮くずれしにくいため煮物に向いています。しかし、すらりとした形状の青首大根に比べ中央がふくらんでいるため、引き抜く際に力が必要で収穫の手間がかかります。そのため生産量は減少し、青首大根の栽培が増えてきました。鹿児島の桜島大根（p16）も繊維質の少ない緻密な肉質で、生食から煮物、漬物、干し大根と何にでも利用されてきましたが、栽培の手間がかかり栽培期間も長いため、生産量が減少しています。

一方で、辛味大根が福島の高遠そばや長野のおしぼりうどんなどに欠かせないように、料理と切り離せない地元ならではの品種もあり、伝統野菜を復活させる試みも多くの地域で行なわれています。

●辛み成分の量は季節で変わる

大根は一年中栽培されていますが、

煮物やサラダ、漬物などに向いている甘味があるみずみずしい大根の旬は晩秋から冬（10月から2月）で、初夏から夏は辛みが強くなります。

大根の辛み成分であるイソチオシアネート含量は、品種によっても、栽培条件によっても変わり、高温になるほど、また土壌中の肥料分が少ないほど高まることがわかっています。そのため夏に収穫する大根は辛みが強く、冬の大根は弱くなります。また、1本の大根でみると、辛みは根の先ほど強く、皮付近が中心部より強くなります（※2）。

●野菜の切り方と調理科学

切り方と料理との関係について調理科学的な目でみてみます。

大根は生食の場合、すりおろして、「おろし」として薬味などに用いられます。大根おろしは、大根の繊維方向に直角におろし金をあてると組織が破壊され、細胞内に存在するβ-アミラーゼなどの酵素が表面に現れます。酵素を含むしぼり汁は消化を助け、胃酸過多や胃もたれなどに効果があります。

せん切りにして加熱するときは、繊維方向に平行に切ると形が保たれ、繊維を断ち切るように包丁を入れると調理過程でくずれやすくなります。沖縄のシリシリ器という調理器具（p38）は野菜を斜めにおろすので、繊維を断ち切り、軽く炒めるだけでも食べやすい状態になります。特別養護老人ホームでは、かたいものが噛み切りにくくなった高齢者の食事づくりにシリシリ器を活用しているそうです。

煮物では乱切りもよく使われます。材料が異なると大きさを揃えにくいものですが、回しながら斜めに切ると大きさが揃いやすく、火の通りも早いという利点があります。

ふろふき大根、おでんでは厚めの輪切りにし、角が丸くなるように面とりをします。角の部分は火の通りが早く、中心部がやわらかくなる頃には煮くずれやすくなるため、それを防ぎます。また隠し包丁を入れ、火の通りや味のしみこみをよくするなどの工夫をします。

●野菜の切り方と食べやすさ

野菜は切り方によって食べやすさが変化します。吉野ら（※3）は、ごぼう、にんじん、大根に対して厚みのある乱切り、細いせん切り、薄い斜め切りの3種の切り方をして、砕けやすさ（噛みやすさ）を検討しています。せん切りは繊維に沿って厚さ1～2㎜の細い棒状に切ったもの、斜め切りは厚さ約2㎜（素材によって多少異なる）に斜めに薄く切ったものです。

それぞれの野菜について3種の切り方をして、調味後に加熱したものを、被験者に自由に咀嚼《そしゃく》してもらい、飲みこむ直前に吐き出して、砕けやすさを測定しています。図2のように、にんじんでは3種の切り方の間に差は見られませんが、ごぼうや大根ではせん切りや斜め切りに比べて乱切りが明らかに砕けやすく、噛みやすい結果になっています。このことから、せん切りや斜め切りのように厚さが薄いものは噛みにくく、乱切りのようにある程度厚みがある方が噛み切りやすいといえます。

なぜ薄く切った野菜が噛み切りにくいのでしょうか。私たちは食べ物を上下の歯で押し切るようにしますが、歯と歯は必ずしもぶつかってはいません。ぶつかる少し手前で食べ物は噛み切られるからです。高齢者のように歯の噛み合わせが悪くなっていると、押しつぶしにくくなるため薄すぎるものは噛み切りにくくなります。

この研究は調理に適した切り方だけでなく、食べる人の状態を知った上で切り方を工夫する必要性も示唆しているようです。

料理とはいつでもレシピどおりにつくるのではなく、そのつど食べる人を思い描きながら調理するものと考えます。調理はつくる人と食べる人の気持ちが通いあう食事行動です。

【※1】鈴木秀夫、久保幸夫著『日本の食生活』（朝倉書店）（1980年）
【※2】川城英夫「ダイコン」『食品加工総覧 第10巻』（農文協）（2000年）
【※3】吉野陽子ら「食品の切り方が咀しゃく特性およびかみ易さに及ぼす影響」『日本栄養・食糧学会誌』第54巻第6号（2001年）

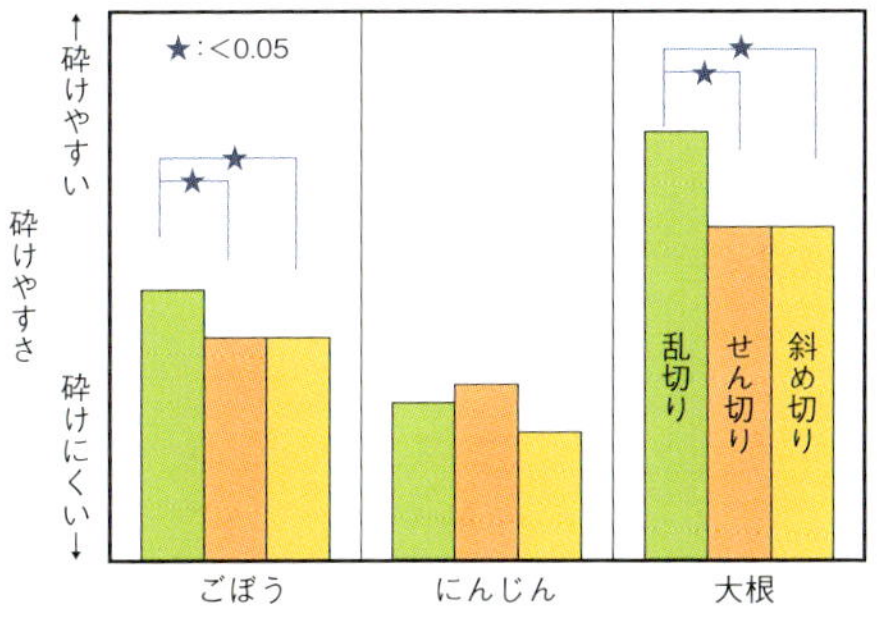

（【※3】より引用）

図2　野菜の切り方と食べたときの砕けやすさ

調理科学の目 2

野菜の調理は「硬化」をうまく利用する

香西みどり（お茶の水女子大学教授）

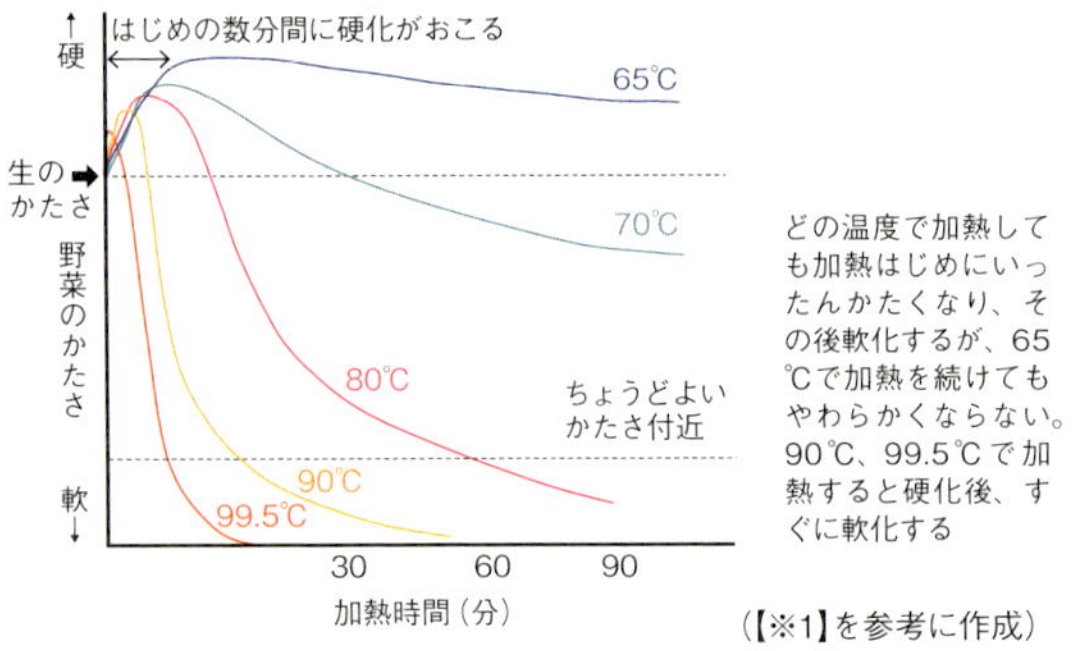

どの温度で加熱しても加熱はじめにいったんかたくなり、その後軟化するが、65℃で加熱を続けてもやわらかくならない。90℃、99.5℃で加熱すると硬化後、すぐに軟化する

（【※1】を参考に作成）

図　種々の温度で大根の小片を加熱したときのかたさ（イメージ図）

野菜のおいしさにはテクスチャー（口ざわり、歯ごたえなどの食感）が大きく影響します。一般的に加熱すると、やわらかくなる、すなわち軟化することで食べるのにちょうどよいかたさになりますが、加熱の温度によっては生よりかたくなる「硬化」という現象が起こっています。

60℃付近で野菜は硬化する

図は大根を低温から高温までのさまざまな一定温度で加熱したときのかたさの変化を示しています。矢印は生のかたさを示しており、加熱をするとどの温度でも加熱はじめの数分間でいったんかたくなり、その後軟化していきます。

生よりかたくなるのは50～80℃の間、とくに60℃付近です。沸騰後に火を消して80℃以下になっても再びかたくはなりません。また、図からわかるように80℃以下の温度で加熱してもやわらかくなりにくく、適度なかたさにするには90℃以上の高温で加熱することが必要です。

野菜がなぜ硬化するのか、それは加熱により細胞膜の機能が低下し、その結果微生物の侵入を防ごうといろいろな反応が起こるためです。ですが通常は硬化後に高温（沸騰温度付近）で加熱するので硬化に気づかないのです。

「硬化」を生かして調理する

50～80℃で硬化するという野菜の特性は、根菜類を長時間煮こむおでんや煮物などの調理では、煮くずれを防ぐ利点となります。

煮汁が沸騰してから野菜を入れると、温度が高くなる表面は煮くずれしやすいのに、温度が上がらない中心はかたいままで全体のかたさが不均一になります。ところが、野菜を水から加熱すると中心部と表面部の温度差が小さくなり、かたさが均一になります。また、加熱の最中、50～80℃の温度をゆっくり通過するほど硬化の程度が強くなり、かたさが保たれて煮くずれを防ぐことができます。昔から経験的に根菜類は水からゆでるといわれるのはこのためです。大きな鍋で大量に煮る場合や切り方が小さいより大きい場合も、温度上昇が緩慢になって硬化が起こりやすい条件となります。

身近にある野菜の「硬化」

硬化はこのほかにも乾燥や浸漬、塩漬け、貯蔵などの条件でも起こります。切り干し大根を長く煮ても形が残っている、畑で冠水した（長く水をかぶった）さつまいもが煮てもかたい（ゴリ芋）、たくあんがしんなりしながらコリコリかたい、保存でしなびた大根が煮くずれしにくいなど野菜の硬化は身近なところで起きており、いずれも加熱しても煮くずれしにくくなります。

野菜を加熱してちょうどよい状態にする際、知らず知らずに硬化をうまくとり入れていると思います。本書のレシピでも、神奈川のふろふき大根（p6）、栃木のえび大根（p9）などでは大根を水から加熱しています。一方、高温・短時間でゆでるとその短時間のうちに硬化と軟化が同時に起こり、適度な歯ごたえを残すことができます。富山のかぶらごき（p21）のかぶのゆで方がその例といえるでしょう。煮物、和え物、漬物といろいろなところで野菜の「硬化」が顔をのぞかせていることに気づくと面白いです。

【※1】松裏・香西他「野菜の最適加熱時間の予測」『日本食品工業学会誌』第36巻（1989年）

都道府県別　掲載レシピ一覧

●1つが掲載レシピ1品を表します。

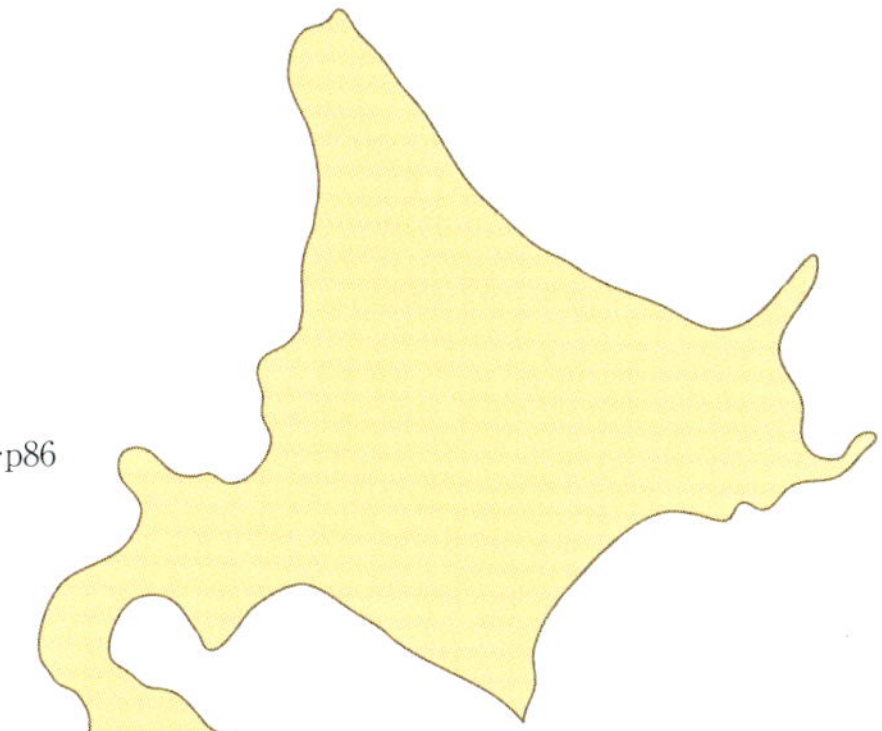

※項目ごとに五十音順。

野菜

野菜加工品

いも・いも加工品

きのこ

本文中に掲載した協力者の方々以外にも、調査・取材・撮影等でお世話になった方々は各地にたくさんおいでです。ここにまとめて掲載し、お礼を申し上げます。（敬称略）

青森県
津軽あかつきの会、中南地域県民局地域農林水産部農業普及振興室、下北地域県民局地域農林水産部農業普及振興室、笹森得子

宮城県
木幡みつよ、佐藤ケイ子、鎌田はなゑ、佐藤哲子

山形県
島津弘海、江頭宏昌、菅原律、大江町立歴史民俗資料館サポーター

福島県
齋藤紀子、湯田由美

栃木県
企業組合らんどまあむ

埼玉県
日高市食生活改善推進員協議会

東京都
森谷久美子、磯部信子

新潟県
栗原晴彦、鈴木豊彦、大塚昭子

富山県
中部厚生センター保健予防課・上野真理子

石川県
山本青果

福井県
御食国若狭おばま食文化館、JA福井県五連、JAたんなん女性部三代会、福井県食生活改善推進員連絡協議会

山梨県
すみれの会

岐阜県
茶房卯さぎ、三嶋廣子、吉田一美、三嶋一美、林恭子、稲川英子、水上登司子、清水規久子

三重県
伊藤光、豊田正子、水野さだ子

奈良県
北敦子、片岡リヨ子、寺田秀子

和歌山県
東牟婁振興局・西美保

鳥取県
橋本君江、前嶋道子、井口松代、渡辺恵子、三沢益子、西山徳枝

島根県
田子ヨシエ、服部やよ生、金高梅子、木村美代子、大場郁子、島根県立大学（平成28・29年度学術研究特別助成金）

広島県
名越千春

徳島県
林ミヨ子、山添芳江

香川県
糸川桂一、次田隆志

愛媛県
近藤アケミ、近藤君子

高知県
松﨑淳子、小松利子、岩目博子

長崎県
新上五島町役場健康保険課、長崎県栄養士会諫早支部

熊本県
經美優香

宮崎県
秋永正廣、中川町子、北諸県農業改良普及センター・甲斐紀子、同・今東香、西諸県農業改良普及センター・坂本美奈子、JA都城・松留あけみ

「伝え継ぐ 日本の家庭料理」各都道府県著作委員会の著作委員一覧（2018年11月1日現在）

北海道　菅原久美子（札幌国際大学短期大学部）／菊地和美（藤女子大学）／坂本恵（札幌保健医療大学）／木下教子（北翔大学）／土屋律子（元北翔大学）／藤本真奈美（光塩学園女子短期大学）／村上知子（元北海道教育大学）／山口敦子（天使大学）／佐藤恵（光塩学園女子短期大学）／伊木亜子（函館短期大学）／畑井朝子（元函館短期大学）／宮崎早花（酪農学園大学）／田中ゆかり（光塩学園女子短期大学）

青森県　北山育子（東北女子短期大学）／安田智子（東北女子短期大学）／真野由紀子（東北女子短期大学）／熊谷貴子（青森県立保健大学）／今井美和子（東北栄養専門学校）／澤田千晴（東北女子短期大学）／下山春香（東北女子短期大学）

岩手県　髙橋秀子（修紅短期大学）／長坂慶子（岩手県立大学盛岡短期大学部）／魚住恵（元岩手県立大学盛岡短期大学部）／菅原悦子（岩手大学）／村元美代（盛岡大学）／渡邉美紀子（修紅短期大学）／冨岡佳奈絵（修紅短期大学）／佐藤佳織（修紅短期大学）／阿部真弓（修紅短期大学）／松本絵美（岩手県立大学盛岡短期大学部）／岩本佳恵（岩手県立大学盛岡短期大学部）

宮城県　高澤まき子（仙台白百合女子大学）／野田奈津実（尚絅学院大学）／和泉眞喜子（尚絅学院大学）／宮下ひろみ（東都医療大学）／濟渡久美（東北生活文化大学短期大学部）／矢島由佳（仙台白百合女子大学）

秋田県　髙山裕子（聖霊女子短期大学）／熊谷昌則（秋田県総合食品研究センター）／長沼誠子（元秋田大学）／山田節子（聖霊女子短期大学）／三森一司（聖霊女子短期大学）／髙橋徹（秋田県総合食品研究センター）／逸見洋子（秋田大学）／大野智子（青森県立保健大学）／駒場千佳子（女子栄養大学）

山形県　齋藤寛子（山形県立米沢栄養大学）／宮地洋子（仙台青葉学院短期大学）／平尾和子（愛国学園短期大学）／佐藤恵美子（元新潟県立大学）

福島県　阿部優子（郡山女子大学短期大学部）／加藤雅子（郡山女子大学短期大学部）／會田久仁子（郡山女子大学短期大学部）／中村恵子（福島大学）／柳沼和子（郡山女子大学）／津田和加子（桜の聖母短期大学）／福永淑子（文教大学）

茨城県　渡辺敦子（茨城キリスト教大学）／荒田玲子（常磐大学）／吉田恵子（つくば国際大学）／石島恵美子（茨城大学）／飯村裕子（常磐大学）／野口元子

栃木県　名倉秀子（十文字学園女子大学）／藤田睦（佐野日本大学短期大学）

群馬県　綾部園子（高崎健康福祉大学）／堀口恵子（東京農業大学）／神戸美恵子（桐生大学）／阿部雅子（東都医療大学）／高橋雅子（明和学園短期大学）／永井由美子（群馬調理師専門学校）／渡邉静（明和学園短期大学）

埼玉県　島田玲子（埼玉大学）／河村美穂（埼玉大学）／土屋京子（東京家政大学）／加藤和子（東京家政大学）／成田亮子（東京家政大学）／名倉秀子（十文字学園女子大学）／木村靖子（十文字学園女子大学）／松田康子（女子栄養大学）／駒場千佳子（女子栄養大学）／徳山裕美（帝京短期大学）

千葉県　渡邊智子（千葉県立保健医療大学）／柳沢幸江（和洋女子大学）／今井悦子（聖徳大学）／石井克枝（淑徳大学）／中路和子／梶谷節子／大竹由美

東京都　加藤和子（東京家政大学）／宇和川小百合（東京家政大学）／赤石記子（東京家政大学）／伊藤美穂（東京栄養食糧専門学校）／色川木綿子（東京家政大学）／大久保洋子（元実践女子大学）／香西みどり（お茶の水女子大学）／佐藤幸子（実践女子大学）／白尾美佳（実践女子大学）／成田亮子（東京家政大学）

神奈川県　櫻井美代子（東京家政学院大学）／大越ひろ（元日本女子大学）／増田真祐美（成立学園高等学校）／大迫早苗（相模女子大学）／酒井裕子（相模女子大学）／清絢／小川暁子（神奈川県農業技術センター）／河野一世（奈良食と農の魅力創造国際大学校）／津田淑江（元共立女子短期大学）

新潟県　佐藤恵美子（元新潟県立大学）／太田優子（新潟県立大学）／立山千草（新潟県立大学）／山口智子（新潟大学）／伊藤直子（新潟医療福祉大学）／玉木有子（大妻女子大学）／伊藤知子（新潟県栄養士会）／小谷スミ子（元新潟大学）／山田チヨ（新潟県栄養士会）／松田トミ子（新潟県栄養士会）／長谷川千賀子（悠久山栄養調理専門学校）／渡邊智子（千葉県立保健医療大学）

富山県　深井康子（富山短期大学）／守田律子（富山短期大学（非））／原田澄子（金沢学院短期大学）／稗苗智恵子（富山短期大学）／中根一恵（富山短期大学）

石川県　新澤祥惠（北陸学院大学短期大学部）／川村昭子（元金沢学院短期大学）／中村喜代美（北陸学院大学短期大学部（非））

福井県　佐藤真実（仁愛大学）／森恵見（仁愛女子短期大学）／谷洋子（元仁愛大学）／岸松静代（元仁愛女子短期大学）

山梨県　時友裕紀子（山梨大学）／柘植光代（元日本女子大学）／阿部芳子（元相模女子大学）／松本美鈴（大妻女子大学）／坂口奈央（山梨県立北杜高等学校）

長野県　中澤弥子（長野県立大学）／吉岡由美（長野県短期大学）／高崎禎子（信州大学）／小木曽加奈（長野県立大学）／小川晶子（長野県立大学）

岐阜県　堀光代（岐阜市立女子短期大学）／西脇泰子（岐阜聖徳学園大学短期大学部）／長屋郁子（岐阜市立女子短期大学）／坂野信子（東海学園大学（非））／木村孝子（東海学院大学）／辻美智子（名古屋女子大学）／横山真智子（各務原市立桜丘中学校）／山根沙季（中京学院大学短期大学部）／長野宏子（元岐阜大学）

静岡県　新井映子（静岡県立大学）／高塚千広（東海大学短期大学部）／市川陽子（静岡県立大学）／伊藤聖子（静岡県立大学）／神谷紀代美（浜松調理菓子専門学校）／川上栄子（常葉大学）／清水洋子（静岡英和学院大学短期大学部）／竹下温子（静岡大学）／中川裕子（日本大学短期大学部）／村上陽子（静岡大学）

愛知県　西堀すき江（東海学園大学）／小出あつみ（名古屋女子大学）／近藤みゆき（名古屋文理大学短期大学部）／石井貴子（名古屋文理大学短期大学部）／小濱絵美（名古屋文理大学短期大学部）／加藤治美（名古屋文理大学短期大学部）／山内知子（名古屋女子大学）／松本貴志子（名古屋女子大学短期大学部）／間宮貴代子（名古屋女子大学）／伊藤正江（至学館大学）／森山三千江（愛知学泉大学）／山本淳子（愛知学泉短期大学）／野田雅子（愛知淑徳大学（非））／廣瀬朋香（名古屋市立大学病院）／亥子紗世（元東海学園大学）／筒井和美（愛知教育大学）／羽根千佳（元東海学園大学）

三重県　磯部由香（三重大学）／飯田津喜美（三重短期大学）／水谷令子（元鈴鹿大学）／成田美代（元三重大学）／平島円（三重大学）／久保さつき（鈴鹿大学）／鷲見裕子（高田短期大学）／乾陽子（鈴鹿大学短期大学部）／駒田聡子（皇學館大学）／阿部稚里（三重短期大学）／奥野元子（元島根県立大学短期大学部）／萩原範子（元名古屋学芸大学短期大学部）／小長谷紀子（安田女子大学）

滋賀県　中平真由巳（滋賀短期大学）／山岡ひとみ（滋賀短期大学）／石井裕子（武庫川女子大学（非））／小西春江（園田学園女子大学短期大学部）／久保加織（滋賀大学）／堀越昌子（京都華頂大学）

京都府　豊原容子（京都華頂大学）／湯川夏子（京都教育大学）／河野篤子（京都女子大学）／桐村ます美（元成美大学短期大学部）／坂本裕子（京都華頂大学）／米田泰子（元京都ノートルダム女子大学）／福田小百合（京都文教短期大学）

大阪府　東根裕子（甲南女子大学）／八木千鶴（千里金蘭大学）／阪上愛子（元堺女子短期大学）／原知子（滋賀短期大学）／澤田参子（元奈良文化女子短期大学）／山本悦子（大阪夕陽丘学園短期大学）

兵庫県　田中紀子（神戸女子大学）／片寄眞木子（元神戸女子短期大学）／坂本薫（兵庫県立大学）／富永しのぶ（兵庫大学）／本多佐知子（金沢学院短期大学）／中谷梢（学）（兵庫県立大学）／作田はるみ（神戸松陰女子学院大学）／原知子（滋賀短期大学）

奈良県　喜多野宣子（大阪国際大学）／志垣瞳（帝塚山大学（非））／三浦さつき（奈良佐保短期大学）／島村知歩（奈良佐保短期大学）

和歌山県　青山佐喜子（大阪夕陽丘学園短期大学）／三浦加代子（園田学園女子大学）／川原崎淑子（元園田学園女子大学短期大学部）／橘ゆかり（神戸松蔭女子学院大学）／川島明子（園田学園女子大学）／千賀靖子（元樟蔭東短期大学）

鳥取県　松島文子（鳥取短期大学）／板倉一枝（鳥取短期大学）

島根県　石田千津恵（島根県立大学）／藤江未沙（松江栄養調理製菓専門学校）

岡山県　藤井わか子（美作大学短期大学部）／青木三恵子（高知大学（客））／小川眞紀子（ノートルダム清心女子大学）／槇尾幸子（元中国学園大学）／大野婦美子（くらしき作陽大学）／藤堂雅恵（研）（美作大学）／人見哲子（美作大学）／新田陽子（岡山県立大学）／我如古菜月（岡山県立大学）／加賀田江里（中国短期大学）／藤井久美子（山陽学園大学）

広島県　岡本洋子（広島修道大学）／村田美穂子（広島文化学園短期大学）／渡部佳美（広島女学院大学）／石井香代子（福山大学）／奥田弘枝（元広島女学院大学）／海切弘子（研）（広島大学大学院）／上村芳枝（比治山大学（非））／木村留美（広島国際大学）／近藤寛子（福山大学）／渕上倫子（元福山大学）／前田ひろみ（広島文化学園短期大学）／木村安美（中村学園大学）／高橋知佐子（福山大学（非））／塩田良子（広島文教女子大学）／政田圭子（元鈴峯女子短期大学）／小長谷紀子（安田女子大学）／山口享子（中国学園大学（嘱））／北林佳織（比治山大学）

山口県　五島淑子（山口大学）／園田純子（山口県立大学）／池田博子（元西南女学院大学短期大学部）／櫻井菜穂子（宇部フロンティア大学短期大学部）／福田翼（水産大学校）／廣田幸子（東亜大学）／森永八江（山口大学）／山本由美（元池坊短期大学）

徳島県　髙橋啓子（四国大学）／金丸芳（徳島大学）／松下純子（徳島文理大学短期大学部）／長尾久美子（徳島文理大学短期大学部）／近藤美樹（徳島文理大学）／後藤月江（四国大学短期大学部）／三木章江（四国大学短期大学部）／川端紗也花（四国大学）／坂井真奈美（徳島文理大学短期大学部）

香川県　次田一代（香川短期大学）／加藤みゆき（元香川大学）／川染節江（元明善短期大学）／村川みなみ（香川短期大学）／渡辺ひろ美（香川短期大学）

愛媛県　亀岡恵子（松山東雲短期大学）／宇高順子（愛媛大学）／香川実恵子（松山東雲女子大学（非））／武田珠美（熊本大学）／皆川勝子（松山東雲短期大学）

高知県　小西文子（東海学院大学）／五藤泰子（東海学院大学）／野口元子／福留奈美（お茶の水女子大学（非））

福岡県　三成由美（中村学園大学）／松隈美紀（中村学園大学）／宮原葉子（中村学園大学（非））／入来寛（中村学園大学）／御手洗早也伽（中村学園大学）／熊谷奈々（中村学園大学）／大仁田あずさ（元中村学園大学）／八尋美希（近畿大学九州短期大学）／秋永優子（福岡教育大学）／川島年生（中村学園大学）／永田瑞生（九州女子大学）／末田和代（精華女子短期大学）／楠瀬千春（九州栄養福祉大学）／仁後亮介（中村学園大学短期大学部）／吉岡慶子（元中村学園大学）／猪田和代（太刀洗病院）／山本亜衣（九州女子大学）

佐賀県　西岡征子（西九州大学短期大学部）／副島順子（元西九州大学）／武富和美（西九州大学短期大学部）／萱島知子（佐賀大学）／成清ヨシヱ（元西九州大学短期大学部）／橋本由美子（西九州大学短期大学部（非））

長崎県　冨永美穂子（広島大学）／久木野睦子（活水女子大学）／石見百江（長崎県立大学）

熊本県　秋吉澄子（尚絅大学短期大学部）／北野直子（元熊本県立大学）／戸次元子（老健施設もやい館）／川上育代（尚絅大学）／原田香（尚絅大学短期大学部）／中嶋名菜（熊本県立大学）／小林康子（尚絅大学短期大学部）／柴田文（尚絅大学短期大学部）／小椋綾乃（尚絅大学短期大学部）

大分県　西澤千恵子（元別府大学）／篠原壽子（東九州短期大学）／立松洋子（別府大学短期大学部）／望月美左子（別府溝部学園短期大学）／高松伸枝（別府大学）／宇都宮由佳（学習院女子大学）／山嵜かおり（東九州短期大学）／麻生愛子（東九州短期大学）

宮崎県　篠原久枝（宮崎大学）／長野宏子（元岐阜大学）／磯部由香（三重大学）／秋永優子（福岡教育大学）

鹿児島県　森中房枝（鹿児島純心女子大学）／木之下道子（鹿児島純心女子大学）／進藤智子（鹿児島純心女子短期大学）／山﨑歌織（鹿児島女子短期大学）／木戸めぐみ（鹿児島女子短期大学）／大倉洋代（鹿児島女子短期大学（非））／大富あき子（東京家政学院大学）／大山典子（鹿児島純心女子短期大学）／新里葉子（鹿児島純心女子大学）／福元耐子（鹿児島純心女子大学）／山下三香子（鹿児島県立短期大学）／木下朋美（鹿児島県立短期大学）／大富潤（鹿児島大学）／竹下温子（静岡大学）／千葉しのぶ（鹿児島女子短期大学）／久留ひろみ

沖縄県　田原美和（琉球大学）／森山克子（琉球大学）／我那覇ゆりか（宮古島市立西辺小学校）／大城まみ（琉球大学）／名嘉裕子（デザイン工房美南海）

桜島大根の皮をむく（鹿児島県）　写真／長野陽一

左上から右へ　抜きたての三浦大根（神奈川県三浦市）、かんぴょうを湯で戻す（栃木県下野市）、にんじんをシリシリ器でおろす（沖縄県沖縄市）、にんじんをせん切りにする（徳島県三好市東祖谷）、なすや大根、かぼちゃなどの干し野菜（長野県長野市鬼無里）、加賀れんこんの初物（石川県金沢市）、大根やいもなどを干す軒下（広島県庄原市東城町）、大鍋で桜島大根と地鶏の煮しめをつくる（鹿児島県）　写真／五十嵐公、長野陽一、高木あつ子

全集

伝え継ぐ 日本の家庭料理

野菜のおかず

秋から冬

2019年11月10日　第1刷発行
2022年6月5日　第2刷発行

企画・編集
一般社団法人 日本調理科学会

発行所
一般社団法人 農山漁村文化協会
〒107-8668 東京都港区赤坂7-6-1
☎ 03-3585-1142（営業）
☎ 03-3585-1145（編集）
FAX 03-3585-3668
振替 00120-3-144478
https://www.ruralnet.or.jp/

アートディレクション・デザイン
山本みどり

制作
株式会社 農文協プロダクション

印刷・製本
凸版印刷株式会社

＜検印廃止＞
ISBN978-4-540-19190-9

本扉裏写真／戸倉江里（大分県・あいまぜ）
扉写真／五十嵐公（p5）、長野陽一（p36、49、66、76）、奥山淳志（p88）、高木あつ子（p108）

本書は「別冊うかたま」2018年12月号を書籍化したものです。

「伝え継ぐ 日本の家庭料理」出版にあたって

一般社団法人 日本調理科学会では、2000年度以来、「調理文化の地域性と調理科学」をテーマにした特別研究に取り組んできました。2012年度からは「次世代に伝え継ぐ 日本の家庭料理」の全国的な調査研究をしています。この研究では地域に残されている特徴ある家庭料理を、聞き書き調査により地域の暮らしの背景とともに記録しています。

こうした研究の蓄積を活かし、「伝え継ぐ 日本の家庭料理」の刊行を企図しました。全国に著作委員会を設置し、都道府県ごとに40品の次世代に伝え継ぎたい家庭料理を選びました。その基準は次の2点です。

①およそ昭和35年から45年までに地域に定着していた家庭料理

②地域の人々が次の世代以降もつくってほしい、食べてほしいと願っている料理

そうして全国から約1900品の料理が集まりました。それを、「すし」「野菜のおかず」「行事食」といった16のテーマに分類して刊行するのが本シリーズです。日本の食文化の多様性を一覧でき、かつ、実際につくることができるレシピにして記録していきます。ただし、紙幅の関係で掲載しきれない料理もあるため、別途データベースの形ですべての料理の情報をさまざまな角度から検索し、家庭や職場、研究等の場面で利用できるようにする予定です。

日本全国47都道府県、それぞれの地域に伝わる家庭料理の味を、つくり方とともに聞き書きした内容も記録することは、地域の味を共有し、次世代に伝え継いでいくことにつながる大切な作業と思っています。読者の皆さんが各地域ごとの歴史や生活習慣にも思いをはせ、それらと密接に関わっている食文化の形成に対する共通認識のようなものが生まれることも期待してやみません。

日本調理科学会は2017年に創立50周年を迎えました。本シリーズを創立50周年記念事業の一つとして刊行することが日本の食文化の伝承の一助になれば、調査に関わった著作委員はもちろんのこと、学会として望外の喜びとするところです。

2017年9月1日

一般社団法人 日本調理科学会　会長　香西みどり

＜日本調理科学会 創立50周年記念出版委員会＞

委員長　香西みどり（お茶の水女子大学名誉教授）
委　員　石井克枝（千葉大学名誉教授）
同　今井悦子（元聖徳大学教授）
同　真部真里子（同志社女子大学教授）
同　大越ひろ（日本女子大学名誉教授）
同　長野宏子（岐阜大学名誉教授）
同　東根裕子（甲南女子大学准教授）
同　福留奈美（東京聖栄大学准教授）